一口吞掉大象的
理财通识

[澳] 埃文·卢卡斯 (Evan Lucas) 著
杨薇 译

MIND OVER MONEY

Why understanding your money behaviour
will improve your financlal freedom

中国科学技术出版社

·北京·

Originally published in English under the title Mind over Money: Why understanding your money behaviour will improve your financial freedom, Published by agreement with Major Street Publishing Pty Ltd through Gending Rights Agency (http://genging.online/).
Mind over Money: Why understanding your money behaviour will improve your financial freedom by Evan Lucas, ISBN: 978-1-922611-48-2
Copyright © Evan Lucas 2022
Simplified Chinese translation copyright © 2024 by China Science and Technology Press Co., Ltd.
All rights reserved.
北京市版权局著作权合同登记　图字：01-2023-4841

图书在版编目（CIP）数据

一口吞掉大象的理财通识 /（澳）埃文·卢卡斯（Evan Lucas）著；杨薇译 . — 北京：中国科学技术出版社，2024.9

书名原文：Mind over Money: Why understanding your money behaviour will improve your financial freedom

ISBN 978-7-5236-0752-7

Ⅰ.①一… Ⅱ.①埃… ②杨… Ⅲ.①投资—基本知识 Ⅳ.① F830.59

中国国家版本馆 CIP 数据核字（2024）第 097833 号

策划编辑	杜凡如　于楚辰	责任编辑	童媛媛
封面设计	东合社·安宁	版式设计	蚂蚁设计
责任校对	邓雪梅	责任印制	李晓霖

出　　版	中国科学技术出版社
发　　行	中国科学技术出版社有限公司
地　　址	北京市海淀区中关村南大街 16 号
邮　　编	100081
发行电话	010-62173865
传　　真	010-62173081
网　　址	http://www.cspbooks.com.cn

开　　本	880mm×1230mm　1/32
字　　数	145 千字
印　　张	7.25
版　　次	2024 年 9 月第 1 版
印　　次	2024 年 9 月第 1 次印刷
印　　刷	大厂回族自治县彩虹印刷有限公司
书　　号	ISBN 978-7-5236-0752-7 / F·1257
定　　价	68.00 元

（凡购买本社图书，如有缺页、倒页、脱页者，本社销售中心负责调换）

《一口吞掉大象的理财通识》
所获赞誉

我读过一些个人理财方面的书，我认为这本书是其中写作技巧最出色、内容最引人入胜、核心观点最成熟的书之一。

—— 艾伦·科勒（Alan Kohler），尤里卡报告（Eureka Report）主编，ABC新闻财经记者，《新日报》（The New Daily）专栏作家，维多利亚大学客座教授

埃文是一名经验丰富的市场策略顾问，我经常参考他在投资方面的见解。这本书真正的亮点在于，它能够让我们质疑那些促使我们做出特定行为的因素。财务健康和财务自由始于拥有财务自我意识。在帮助我们发现最适合自己的财务策略方面，埃文做得很棒。

—— 埃菲·扎霍斯（Effie Zahos），澳洲金融比较网站Canstar特约编辑，《今日秀》（The Today Show）财经专家，《摆脱债务，开始变富》（Ditch the Debt and Get Rich）、《现实版女生理财指南》（A Real Girl's Guide to Money）作者，英国投资者教育计划InvestSMART独立董事。

通常，个人理财图书的受益者主要是作者，可是这本书是个例外。埃文做到了"授人以渔"，而不是告诉你哪条"鱼"能让你马上变得稍微富有一点。

——伊莉莎·摩根（Elysse Morgan），ABC《商业》(*The Business*)主持人，速佩传媒（Media Super）和霍恩斯比库灵盖妇女收容所（Hornsby Ku-ring-gai Women's Shelter）董事会成员

埃文成功了，这毫不奇怪。金钱不仅仅是我们所使用的东西，还与我们的行为密切相关。埃文解释了与金钱有关的特定行为、思维和行动方式背后的原因，让你能够加深对这件事的理解：你对待金钱的方式是自己独有的。茅塞顿开之后，你会质疑自己的金钱行为并寻求改进。《一口吞掉大象的理财通识》不仅是一本新颖活泼的读物，而且对于那些希望更好地了解金钱并了解自己的人来说，也是一本必读的好书。

——布鲁克·科尔特（Brooke Corte），Nine Radio 电台（3AW、2GB、4BC）《*Money News*》节目主持人

献给朱莉娅（Julia）、哈丽特（Harriet）和埃洛伊丝（Eloise）——我今天、明天和未来的全部。

目录

CONTENTS

第 1 章　追求合理是人之天性 … 001

第 2 章　你就是你，我就是我 … 013

第 3 章　金钱认知 … 025

第 4 章　五种金钱人格 … 049

第 5 章　发生金钱冲突时 … 063

第 6 章　获得自由：选择权的真相 … 077

第 7 章　时间可以治愈一切 … 091

第 8 章　金钱文化 … 111

第 9 章　爱上可怕的丑陋事物 … 133

第 10 章　大象范式 … 157

第 11 章　控制你能控制的东西 … 169

第 12 章　投资型消费 … 183

第 13 章　不合理的期望 … 199

结语　我们的思维与金钱 … 213

致谢 … 223

第 1 章

追求合理是人之天性

第 1 章　追求合理是人之天性

> 任何一种生命形态存在于茫茫宇宙中，似乎都是一项了不起的成就。当然，身为人类，我们拥有双倍的幸运：我们不仅拥有生存的特权，还拥有一项独一无二的能力，即能够意识到这种特权是多么弥足珍贵，甚至能够以多种方式改善我们的生存状态。
>
> —— 比尔·布莱森（Bill Bryson），《万物简史》（*A Short History of Nearly Everything*）

我清楚地记得，自己曾经坐在大学课堂上，眼睛瞪得大大的，完全沉浸在所学的体质人类学知识中，满脑子都是直立人、尼安德特人，当然还有智人——也就是我们的祖先。

讲师从一个盒子里拿出一块人类头骨，看着我们问道："这是十年前的头骨，还是一万年前的头骨？"

谁也没有回答。

"两者都不是。"他继续说道，"因为这不是真的头骨，它只是一个模型。但如果它是真的，我们只用眼睛看是无法分辨的。现代人的头骨和石器时代的人类祖先的头骨基本上没什么两样。二者的大脑大小和体格大致相同。"

想想看，你的大脑与三万五千年前行走在地球上的古人类的大脑没什么区别。在如此漫长的岁月中，它并没有什么改变。科学家、人类学家和历史学家达成了一种普遍共识，那就是：当时的古人类和现代人一样"聪明"。

想想看，千百年来为人类做出贡献的那些天才：苏格拉底（Socrates）、亚里士多德（Aristotle）、毕达哥拉斯（Pythagoras）、希帕蒂亚（Hypatia）、伽利略（Galileo）、达·芬奇（da Vinci）、牛顿（Newton）、爱因斯坦（Einstein）……这是一份很长的名单。你再想想看，建造像吉萨金字塔、罗马引水渠和中国长城这样的工程所需的伟大智慧，以及它们的建造时间。

几千年来，人类利用智慧能够做到我们今天所做的很多事情。如今明显不同于以往的是我们的生活方式：我们的生活压力、工作、需求和欲望。对于我们的老祖先来说，他们的生活是相对简单的，不外乎寻找食物和庇护所、繁衍后代、逃避危险。这种生活方式追求立竿见影的回报，即：找到食物，张口就吃；找到庇护所，倒头就睡；看到可怕的大型野兽，撒腿就跑。

我们的祖先过着追求即时回报的生活，不必考虑时间的概念。时间在不知不觉中流逝，无论是昼夜更替还是四季轮回，一切都是天经地义。

然而，在当今瞬息万变的世界中，时间成了一种商品。时间成了一种可以被"开采"或者可以被分段销售的东西。

想想看，律师们已经以分钟为单位开始计算工作时间。我们需要做的事情太多，更不用说想要做的各种事情，因此时间总是不够用。

这意味着我们几乎每天每时每刻都要迅速做出决策，而且往往是非常复杂的决策。研究表明，我们每天都会做出多达三万五千个决策，其中很多决策都涉及金钱。

想想看，今天早上开始工作之前，你做出了哪些与金钱有关的决策？你可能考虑过以下这些问题：

我是否应该为了省钱而带饭去上班？

在家里有一台浓缩咖啡机的情况下，我能否找到合理的理由并心安理得地在上班路上花钱买一杯拿铁咖啡？

抵押贷款今天是不是该还款了？我账户中的现金够不够还款？

然后，你可能已经想得更远了：

我是否需要一份新工作？

我有没有为未来做好打算？

我有没有为孩子的未来做好打算？

我是否需要设法增加收入？

我是否想马上去度个假？

我是否应该考虑买房？

这份清单会不停地列下去……

这一系列决策多得令人难以置信，你做出这么多决策之后，时间甚至还没到中午。到了中午，你又开始考虑是否应该抛下自制午餐，去公司楼下的饭店解馋。

此处的要点在于，以上每一个你可能考虑的问题都属于延迟回报决策。你现在所做的决策不会立即收到回报。这份回报来得比较晚（或者你希望如此）——可能是明天、下周或明年，甚至是十年后或是更远的未来。

延迟回报决策正是投资的核心。你能否做出延迟回报决策？你能否为了在未来收获更大的回报而抵制住当下的某些诱惑？你能否欣然接受时间也有价值这一概念？

我们几乎每时每刻都在处理理性和非理性的决策。我们都可以通过计算来做出理性决策。你知道如果带饭去上班，你可能会节省几十元，还能节省至少10分钟点外卖的时间。因此，不点外卖会是理性的决策。但有时候，到了中午，自带的食物怎么看都有点乏味。

我们常常忽视逻辑并"明知故犯"地做出并不完全理性的选择。这是因为金钱不仅仅涉及财务，还与我们的情感密切相关。情感与自古至今人类手中最有力的心理工具之一有着内在的联系。这个心理工具就是选择。

哲学家艾伦·沃茨（Alan Watts）说："我们经常对决策感到焦虑。我们想知道自己做出选择时是否已经考虑周全，想知道自己是否考虑到了所有数据。""我们事实上永远无法考虑到足够的数据,因为数据是无穷无尽的。""选择是我们做出决策之前的一种'犹豫行为'。我们总是怀疑自己是否在以正确的方式行事,或者是否在做正确的事情,我们总是信心不足。""如果缺乏自信,你就会笨手笨脚地犯错。如果很有自信,你可能就会在得意忘形之下做出完全错误的选择。"

本书将会围绕选择、决策、信心和怀疑进行许多讨论:我们为什么会具有这些特质?它们是如何形成又是如何相互作用的?这些都会影响我们与金钱的互动关系。我觉得沃茨对于选择的观点很有意思,他提出:我们做出的一些选择有时不合乎逻辑,会表现出强烈的非理性和自我贬低,甚至会违背自身利益。但尽管如此,这些选择仍然是"正确"的选择。在这种情况下,注重分析、高度体系化、由规则驱动的金钱世界与人类天性发生了冲突。

经济学家喜欢把自己看成非常理性的人。19世纪30年代初,政治经济学家约翰·斯图尔特·密尔(John Stuart Mill)推导出了一个人类学概念,被称为"经济人",有时也被称为"理性人"。经济人能够充分获取信息,完全从自身利益出发并保持行为的一致性,因此能够做出无穷无尽的理性决策,进而通过做出的选择来得到尽可能多的好处。

单是这段描述就能让你意识到,经济人是一种机器人。即使在科技大众化的当今时代,有了算法、高频交易、无限信息和人工智能的加持，机器人仍然会做出一些错误的决策。为什么？因为它们运行的程序由人类编写。经济人就像独角兽一样，只存在于神话中。

政治学家赫伯特·A. 西蒙（Herbert A. Simon）揭穿了经济人理论的真相，进而因其在有限理性方面的工作而获得了诺贝尔经济学奖。他的论文指出，人类的信息处理能力是有限的，这使得人类无法完全理性地做出决策。

所有人都能从日常生活中看出，我们做出的决策并不总是理性的。我们不是经济人，而是更像德国政治学家蒂姆·贝切尔特（Timm Beichelt）提出的"情感人"。

情感人具有四个特质：情绪化、社会性、容易抱有与生俱来的偏见以及容易出错。实际上，这只不过是行为学家喜欢的另一种简化人类天性的方式。但这个概念确实可以促使我们思考更广泛的概念，思考自己行事方式背后的原因。

导致所谓非理性行为的那些偏见、情绪、社会情感等是通过经验习得的。它们可能会对我们的社会功能起到积极作用，但不利于理性决策。偏见、情绪、社会情感等不仅是我们今天面临的问题，而且可能会导致我们一生中在金钱方面屡屡重蹈覆辙。

事实上，人类是非常情绪化的生物，因此我们的理财方式会受到情绪的驱动。想想看：如果讨价还价成功，我们就会兴高采烈；如果以便宜价格买到了某件东西后，却发现另

第 1 章 追求合理是人之天性

一家商店的价格还要低几块钱,我们就会觉得自己被忽悠了;如果我们以为会收到一个退税通知,结果收到的却是一个付款通知,我们就会感到失望。

偏见、社会情感和犯错误是人之天性。我们也许不该试图辩驳这一点,而是应该赞颂这样一个事实:每个人都是不一样的。正是这一点造就了我们独一无二的美妙之处。正因为我们在人性方面都是独一无二的,所以即使正在经历相同的生活境况,我们做出的行为也会千差万别。而对于金钱,我们每个人都有着不同的看法。

我一直在思考这个问题,这就是我想写这本书的原因。我看到过受过高等教育、非常理性的人在金钱上会做出不理性的选择。这淋漓尽致地体现了人之天性。我常常想不通,年收入超过 30 万美元的人怎么可能身无分文?这很可能是因为他们想要维持特定的形象,而把每一分钱都花在了自己并不需要的东西上,或者是因为他们毫不在乎金钱,并相信自己总会有钱花。因为对于他们来说,金钱一向如此。他们根本不发愁赚不到钱。

这种行为看起来似乎是完全非理性的,但是这样的例子却屡见不鲜。因为对于他们来说,这是"正常"的。他们在金钱方面的做法一向如此。

金钱对于每个人都是不一样的。你使用金钱的方式也是独一无二的。

对你来说，金钱是什么？

我想提出一个问题，希望你在阅读本书时能够思考一下：对你来说，金钱意味着什么？我们与金钱之间的情感联系会受到多种因素的驱动，后面的章节将会介绍许多因素。你必须明确自己的独特金钱观，因为这会影响你做出的每一个财务决策。在财务方面拥有自我意识，是实现良好财务状况和财务自由的关键。没有人比你自己更了解你的金钱观。

那么，你是那种对金钱漠不关心的人吗？它是你的噩梦吗？它只是帮助你完成人生旅程的工具吗？它是不是你所渴求的东西？它是不是与你的个人身份相关？

每个人都是不一样的，每个人在财务方面都有其独特的行为方式。说到这里，我要强调的主要要点是：即使是最周密的计划，也可能会因个人情绪而偏离正轨。要想实现财务保障和财务自由，你需要用头脑做决策，而不能随心而为。但是，能够做到这一点的人少之又少。

一定要记住：在金钱方面，"非理性"绝不是"理性"的对立面。身为人类，我们会追求合理性。我们之所以会对社会情感做出反应并形成偏见，是因为这样一来，我们就能尽量以兼顾及时性和社会合理性的方式妥善处理生活的方方面面。

以上就是我要指出的一个核心要点。正如赫伯特·西蒙所说，我们无法做到完全理性。那么人类所能达到的最接近理性的状态是什么？是合理性。

人类会追求合理性，因为我们了解权衡取舍在决策过程中的必要性。受到冲击和遇到困难时，我们可能会做出艰难的抉择。我们不可能总是在经过深思熟虑之后，做出不带感情色彩的理性决策，而且这么做也会导致我们放弃尝试新选项。

如果我们在财务方面始终保持理性，可能就会与大多数人都想实现的一个目标背道而驰。这个目标就是：财务选择权。

追求合理性意味着，我们可以确定何时有必要以及没有必要做出理性决策。正是这一点使我们成为独一无二的人。我们可以合理地选择即时回报或者延迟回报。

做出合理财务决策的第一步是，了解哪些因素会影响你的决策。搞清楚这个问题之后，你与金钱的关系以及你在金钱方面的选择权都会得到大大改善。

> **反思**
> - 你上一次在金钱方面做出合理决策而不是做出理性选择是在什么时候？
> - 对你来说，金钱意味着什么？
> - 你是否认为自己擅长延迟满足？

第 2 章

你就是你，我就是我

CHAPTER 2

第 2 章　你就是你，我就是我

> 做你自己吧，因为别人已经有别人在做了。
>
> ——奥斯卡·王尔德（Oscar Wilde）

我无法完全解释我如何成了今天的自己，但我很清楚多年来塑造自己身份的种种经历，正是这些经历造就了我。

对我影响最大的一些经历，尤其是与金钱有关的经历，都离不开我的外祖父。毫无疑问，他是对我的金钱行为影响最大的人之一。在20世纪90年代中期的某个时候，我开始意识到外祖父相当擅长投资。他不仅把投资当成一种爱好，还将投资视为一件很有意义的事情，乐此不疲地在这件事上投入时间。作为一个孩子，我怀着天生的好奇心，开始问他各种各样的问题，比如"您为什么要投资？""您如何做出正确的决策？""报纸商业板块中间版面的这些数字到底有什么含义？"。与外祖父的这些谈话培养了我的一种特质，后来我才意识到自己具有了这种特质。这些谈话帮助我成了今天的自己，帮助我塑造了自己的身份。

当代许多伟大的思想家都研究过身份以及身份的形成过程。英国哲学家约翰·洛克（John Locke）是最早用心智理论来思考现代自我与身份概念的人之一。他是这样表述的：

> ……有思想、有智慧的人，明事理、会反思，能够把自己当成自己，能够在不同的时间和地点都把自己当成一个有思想的人。

从本质上讲，他说的是：我们能够在一系列境况中思考过去、现在和未来的自己。洛克认为，这让我们成了"具有自我意识的人"，能够思考我们自身和我们习得的身份。

如果你回想一下自己的生活，你就能找出各个阶段的一些经历，这些经历帮助你塑造了自己的身份，包括你的金钱身份。例如，我向外祖父学习投资这段过往经历塑造了我的金钱身份。我还可以找出一些现在的经历，这些经历也会帮助我塑造自己的金钱身份，比如，我上个月的支出超出了预算，我正在为孩子的教育进行储蓄。

这些例子是我的个人特例，但它们符合洛克的观点，即：对于我所习得的经验，以及这些经验如何帮助我塑造自己现在和未来的金钱身份，我是具有自我意识的。

你会拥有自己习得的经验，这些经验会帮助你塑造自己的金钱观。它们是你独一无二的经验，是你多年的经历、观察、变化形成的，除此之外，还包括文化信仰。

现在，你可以明白我为什么将这一章命名为"你就是你，我就是我"。这个说法言简意赅地说明了这样一件事：你会以你自己的方式使用金钱，而我会以另一种方式使用金钱——这是意料之中的，因为我们都是人。

让我们明确一点：理财方式没有对错之分。有些东西可能对你的金钱身份有效果，但对其他人却不起作用。接下来的章节中我们将会进一步讨论这个问题，但现在你应该记住，我们讨论这个问题不是为了让你对自己或他人进行评判或是感到惋惜，而是为了让你了解是什么让你做出了选择，并努力解决这方面的问题以实现财务自由。

确定你的身份，并确定你想要成为什么样的人

洛克帮助我们理解了这样一件事：我们的思维具有自我意识，我们能够思考自己的过去、现在和未来。由此引出的问题是行为金融学中最重要的问题之一：今天的你和上周的你是不是同一个人？和去年相比呢？和十年前或二十年前相比又如何呢？

要回答这个问题，你需要了解自己的金钱观源于何时何地。只有这样，你才能开始消除妨碍你当前金钱身份的那些旧特质和旧习惯，并用能够让你实现财务自由，从而拥有更多人生选择权的新特质和新习惯取而代之。

你现在的金钱身份来源于你的学习经历。我们对金钱的观念不是天生就有的，我们对世界、他人、政治的看法也不

是天生就有的。我们的观念是在成长过程中形成的。你的金钱观念体现了你的个人身份,而这种身份是经过多年的塑造和调整而形成的。你不妨把自己的金钱身份看成一个盒子,里面装满的是家庭和个人经历、社会和文化规范、人际关系和工作生活等各种各样的东西(图2.1)。

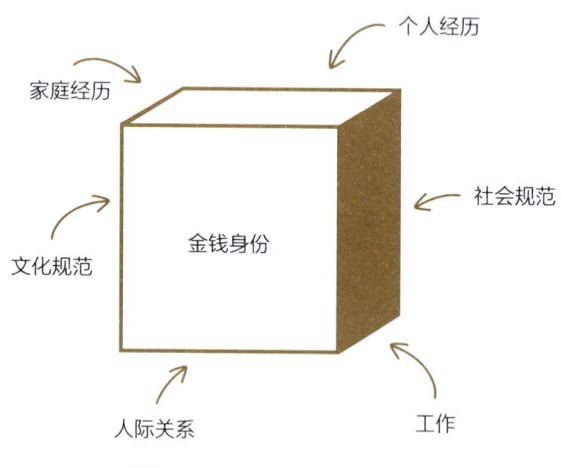

图 2.1 影响金钱身份的因素

了解了上述理论之后,我接下来以自己为例,在现实情境中运用这个理论。

我就是我

我年轻时并不在乎金钱。直到 25 岁到 30 岁之间,我才开始认真考虑投资住宅、股票或市场。尽管我的外祖父早就让我接触过这些想法,但我当年绝对没有像今天这样将自己看成"注重金钱的人"。

对我来说，金钱是为了达到目的而采取的手段。我通过工作赚钱，把钱存起来，然后花钱去旅行。这种情况是我的个人特例。对于我的身份而言，旅行是最重要的一件事情。因此，在我心目中，金钱就是体现冒险家身份的一种手段。

我的金钱循环是这样的：

赚钱→花钱去冒险→重复

每完成一次这种循环，我的身份都会得到强化：

旅行、冒险和决定人生走向的事件＝我

在我看来，我对待金钱的方式非常合理，因为它为我提供了探索更广阔世界的机会。我并不认为这是一种糟糕的理财方式，因为我会在花钱之前先存钱，并且从不超支。我从不依赖债务（如贷款或信用卡）来支持我的冒险。然而，我也意识到这种方式有其局限性，一旦我的资金用尽，我就需要重新开始。对于我来说，金钱更多地用于享受当下，而不是仅仅为了未来而存储。

在金钱世界与我的旅行发生了冲突，并影响了我的看法（也就是"金钱意识"）之后，我的金钱观发生了变化。我在阿姆斯特丹待过一段时间，在投资银行公司 ABN Amro 的集团总部实习。由于周围的同事张口闭口不离投资，因此我开始打算：我也需要这么做。我意识到，我可以通过投资为更多旅行提供资金。这并没有立即改变我的金钱身份，但它成了一个触发点。我从"工作—攒钱—旅行"转变为"工作—攒钱—投资—旅行"。因此，我的金钱身份仍然和以前大同小异，只是多了一个新习惯——投资。

最初，我在金钱循环中增加的那一部分涉及小额投资。随着我的思维逐渐接受这种改变，我逐渐增加了投资金额。几年后，投资慢慢变成了我的一种习惯，而这种习惯又变成了我的职业，也就是我今天的金钱身份。塑造我的金钱身份的不是某一次经历，也不是某一次决定性事件。实际情况是，每一次经历都会对我的意识进行修补，从而通过日积月累带来改变。

显然，影响我的金钱身份的因素不止于此。除了这些习惯的改变和决策之外，认知偏见、社会和文化规范、人际关系以及其他在生活中习得的行为也结合在一起，塑造了我的金钱身份并影响了我的金钱行为。

但是，回顾过去使我明白，我之所以拥有当前的金钱身份，是因为我在金钱方面采取了更好的做法，以及我在生活中的历练和积累。我已经欣然接纳了自己在过去几十年中经历的身份转变。现在，我在财务方面有了更大的选择权，因为我不再受限于原来那个"赚钱是为了花钱"的金钱身份。

你就是你

现在轮到你了。十到二十年前,你的金钱身份是什么?当时与金钱有关的习惯和特质是否一直伴随着你?从那时起你的经历如何塑造了你的金钱身份?

从根本上改变核心身份并非易事。核心身份与你的信仰、政见、看法和偏见有关,而金钱在这些方面发挥着重要作用。但你仍然会发现,由于过去十到二十年中的种种经历,你的金钱身份已经在这段时间里成熟起来。

举个例子,如果你看到自己的父母苦苦寻找愿意借贷给他们的银行,这将对你对金钱世界的看法产生长远的影响。如果你为了延缓偿还越滚越高的信用卡利息而"以卡养卡",那么你对储蓄和债务的看法很可能是负面的。如果你在全球金融危机前夕投资于市场,然后在接下来的七个月内眼看着自己的投资蒙受比"腰斩"还要惨重的损失,那么你可能不会相信投资可以改善自己的财务状况。你的观念和偏见会深受这些境况的影响,而负面经历可能会导致你的金钱观出现消极倾向。

你的配偶、兄弟姐妹、朋友和同事的经历也会对你的金钱身份产生影响,其中既有积极的影响,也有消极的影响,因为他们属于你所认同的社会群体。其他人的习惯可以并且确实会影响你的观念,而你自己可能意识不到这种影响。正如目睹父母为了金钱费尽心力的经历会影响你的观点一样，眼睁睁看着伴侣掉进赌博陷阱，或者看到朋友连续发生短期贷款违约的经历也会影响你的观点。

反过来，他人的金钱习惯也可能导致你对自己的金钱身份和行为持消极观点，好像你总是陷入困境之中。想想那些似乎总是比你想象中更有钱的朋友或熟人，那些似乎总是在大手大脚购买你不确定他们是否买得起的东西的人。我敢肯定，你会心中暗想："他们是如何做到的？他们的钱是从哪里来的？我为什么做不到？我应该买新房还是买新车？"

人们在金钱方面犯下一些严重的错误，就是从产生以上想法开始的。这种想法会导致最糟糕的理财行为之一：攀比。在体育运动中，攀比行为是件挺好的事情；即使在职场，一点点的攀比也有助于提高工作效率。但是，在金钱方面与同辈展开攀比会导致你采取冒险的做法，并且难免会导致你在没有做好相应准备的情况下犯一些错误。你的朋友和同事有着和你不一样的金钱观。他们的财务目标和幸福感有着和你不一样的衡量标准。我们所有人对成功的定义各不相同。

本书后面的章节中将会详细探讨社会比较和社会攀比，但你现在只需要记住，你就是你，我就是我。每个人对待金钱的行为各不相同，因为我们每个人的金钱人格各不相同。

问问自己：如何才能让我的金钱身份与我在财务方面的

需求、成就和措施保持一致？如何才能重新调整我的金钱身份，让思维左右金钱而不是被金钱左右？这就是本书将会探索的内容。

我不是一夜之间变成理财高手的，你也不应该指望自己能够一蹴而就。要想看到变化，你需要改变自己的习惯，并找出自己金钱身份中需要重新定义的部分——那些不能再为你服务的偏见、习惯和观念（植根于社会规范，甚至还有你的文化）。

下一章将会探讨控制个人行为与金钱之间关系的最重要因素之一：与生俱来的偏见。

反思

- 哪些个人经历帮助你塑造了当前的金钱观？
- 十到二十年前，你的金钱身份是什么？随着时间的推移，你的金钱身份发生了怎样的变化？
- 你能否确定，朋友和家人的金钱习惯可能会从哪些方面影响你自己的金钱习惯？

第 3 章

金钱认知

CHAPTER 3

第3章 金钱认知

> 人类根本不擅长客观审视，很容易受到迷信、偏见、成见的影响，并且往往看到的是他们想看到的东西，却看不到真正存在的东西。
>
> ——M. 斯科特·派克（M.Scott Peck）

你是否明白，为什么你对某些情况会有这样的反应？你采取的每个行动都是有缘由的。那么这个缘由是什么呢？如果你能明白自己的行为有何缘由，也就是为什么你会做出这样的反应，你就能够采取措施来改善那些对自己不利的行为。这会让你做得更好，尤其是在金钱方面。

本章将会探讨思维如何对这个世界进行加工——我们如何让彼此之间以及我们与物质世界之间都流畅地互动。如果你认真评估一下这句话，我敢说你会发现自己没有对这件事情多加思考。这是因为生而为人，你没有必要这么做。现在，你可以评估一下自己的自然行为，也就是你不假思索而下意识做出的行为。

我们当中的大多数人从未认真审视以下问题：

为什么我第一次见到某人时会做出某种特定的举动？

为什么我在本地咖啡馆排队时总是站在队尾，而不会挤到前面去？

为什么我不会在电影院或图书馆大喊大叫？

为什么我在求职面试中不会信口发誓或表现得很随意？

为什么我会在公共场合做出某种特定的举动？

这些都是明摆着的问题，其答案也显而易见——它们属于被社会接受的观念。你要知道，如果你"打破"了社会可以接受的规则或规范，社会秩序会出现混乱。

但是，在诸如此类的情况下，你要如何区分正确行为和错误行为呢？答案是：通过你所习得的行为偏见来加以区分。这些偏见对于你在社会和日常生活中发挥的作用非常重要。你的偏见不仅会影响自己与他人的社交互动，还会在生活中影响你的种种选择。你会不假思索地做出这些选择，因为它们看起来是"明摆着"的。

想想看：为什么你会选择绿色铅笔而不是红色铅笔？为什么你会喜欢这首歌而不喜欢另一首歌？为什么你会选择拿铁而不是馥芮白？为什么你喜欢读非小说类文学而不是小说？你不会认真思考这些事情，你只会下意识去做。

这些选择背后的理由植根于你的多年经验、社会学习和业已形成的个性。再说一次，你就是你。

人脑存在一种与生俱来的机制，这种机制倾向于让我们的日常决策变得尽可能简单。生活如此复杂，因此我们乐于接受能帮助大脑走捷径的习得行为和想法。

当然，简化决策会导致错误，因为简化决策本质上是在偷工减料。偏见会导致我们的思维将更好的选择、体验和长线结果"拒之门外"。偏见很容易使我们陷入"精神失明"。而在金钱和投资的世界里，我们需要采取的做法恰恰相反。对于金钱，我们需要的是周密安排、重复操作以及一以贯之的长期决心。

正如第 2 章中讨论的，你与金钱的关系会受到个人经历的巨大影响。你的成长过程是怎样的？你的父母如何看待和处理金钱？你与哪些人交往？你在哪里工作？你为谁工作或者与谁一起工作？你的伴侣的经历和观点是什么样的？所有这些因素交织在一起影响并塑造着你的金钱身份。进而，你的金钱身份会影响你的行为，会导致你认为某个理性决策是非理性的，反之亦然。为什么呢？这是你的偏见使然。

金钱偏见包括认知（思维）偏见和情感偏见。认知偏见源于统计数据、信息处理或记忆错误，而情感偏见源于冲动或直觉，后者会导致你根据感觉而不是事实采取行动。

当了解了自己的偏见，你就能知道做决定时自己的大脑是如何运转的。接下来，我们简单讨论一下与金钱相关的一些常见行为偏见。此时请保持清醒并实事求是：认识到自己抱有哪些偏见，将会有助于你重点思考一些金钱方面的问题。

损失规避：失去金钱的痛苦比赚到钱的快乐更强烈

你有过多少次这样的经历：把手伸进钱包去掏自己确信就在里面的那张 50 美元钞票，结果却发现它不翼而飞了？接下来，你一定会翻遍自己的衣服，或在车里来回翻找，甚至让孩子们在客厅靠墙站成一排，咬牙切齿地对他们说："我知道你们不是故意的，但是现在请把那 50 美元交还给我。"失去金钱会带来负面的情绪，这是不争的事实。

接下来，这个故事会发生反转。想象一下，你把手伸进一条牛仔裤的口袋里，意外翻出了一张 50 美元钞票。你起初的反应是心花怒放的，但是这种快乐转瞬即逝——可能也就持续短短几分钟。这种快乐和丢失 50 美元带给你的情绪体验根本不一样。

对于财务损失与财务收益，我们的情绪反应确实存在差异。行为科学家发现，我们在失去金钱时体验到的绝望感远比获利时的快感更加强烈。1979 年，丹尼尔·卡尼曼（Daniel Kahneman）和阿莫斯·特沃斯基（Amos Tversky）提出了一个术语，将这种偏见称为"损失规避"。损失规避可能会导致你做出对自己的财务收益和财务损失都有所不利的行为。

第 3 章 金钱认知

这是你在做出金钱决策时必须应对的最大偏见之一。

损失规避与风险之间存在很强的关系（本书后面的章节中将会详细讨论这种关系）。这意味着即使存在更优越的潜在回报，我们也不愿意选择具有财务风险的选项。

我们来看看卡尼曼和特沃斯基在其研究中用来检验损失规避的测试。我希望你可以思考一下自己在这种情况下会怎么做（但不要想太多）。请重点关注你的第一反应，因为它体现了对你产生影响的偏见。

如果让你在以下两者之间做出选择：选择一，保证获得 900 美元；选择二，有 90% 的机会获得 1 000 美元但也有 10% 的可能一无所获。你会如何选择？

我敢打赌你会拿走 900 美元。卡尼曼和特沃斯基发现了相同的情况。大多数参与者会拿走看起来"没有风险"的 900 美元。但是，根据不带感情色彩的数学计算，两种选择其实存在相同的"风险"，即：

$$预期价值 = (1\,000 \text{ 美元} \times 0.9) + (0 \text{ 美元} \times 0.1) = 900 \text{ 美元}$$

现在将这道选择题颠倒一下。如果你可以在以下两者之间做出选择：即选择一，必定损失 900 美元；选择二，有 90% 的可能损失 1 000 美元但也有 10% 的机会不损失一分钱，你会如何选择？

我敢打赌，你会去冒风险——可能损失 1 000 美元，但也有机会不损失一分钱。同样，这也是卡尼曼和特沃斯基发现的情况。

和第一种情况一样，根据不带感情色彩的数学计算，预期价值是 900 美元的损失。

你一定要明白这样的事实：你的偏见会对你产生影响，进而导致你去做自认为正确的事情。去做自认为正确的事情可能并不"理性"，因为理性并非人之天性。我们需要做的只是将自己的意识代入到方程式中，以确认或否定自己的偏见。

损失规避会表现为各种各样的行为，还有一种很有意思的表现是不做出任何行为。卡尼曼和特沃斯基的研究在现实世界中得到了印证，比如澳大利亚证券交易所（ASX）2020年发布的一份报告发现，超过三分之一（36%）的澳大利亚成年人从未进行过投资。这背后有着多方面的原因，但根本原因是人们害怕在市场上亏损钱财。

每次与新手投资者面谈时，我会首先提出这个问题："你想要通过投资获得什么？"

说到这里，我必须坦言：这么做是为了触发他们的损失规避偏见。他们一定会这样回答："我希望自己的投资年收益达到……，但是……"后半句总会话锋一转："我不希望资本变少。我该怎么做呢？"

后面的章节我将会详细介绍本书提出的两种观点：一种观点是不切实际的期望；另一种观点用老话来说就是"时间可以治愈一切"。

你手中所有可投资的资产都有可能贬值——包括股票、交易型开放式指数基金（ETF）、债券、房产甚至现金。但随着时间的推移，回报会抵消损失，数不清的例子可以证明这一点。但问题在于，你的思维能够应对多大的损失？这个问题可归结为对风险–回报量表的看法。

归根结底，金钱的增加可以给你带来更多选择，而拥有更多选择又可以给你带来财务自由。财务自由意味着你拥有财务选择权，而在拥有财务选择权的人生中，你可以选择去做自己想做的事，同时可以选择不做那些自己不想做的事情。

因此，就损失规避而言，你需要将损失看成一个相对因素，而不是最重要的因素。

我知道这句话很拗口。即便是行业中的佼佼者，其投资组合或银行余额中也仍然会有部分款项出现亏损。但是有一点他们比其他人做得更好，那就是避免让损失影响自己的长期目标。他们不会忘记自己想要实现的未来目标。换句话说，他们能够客观地看待损失，从而减少损失对情绪的影响。

我们来看一个大家都会亲身经历的例子：退休储蓄计

划。大多数发达国家都设有某种形式的退休计划——澳大利亚有"超级年金"计划,美国有退休401(k)计划。在这个例子中,我将会重点介绍澳大利亚的"超级年金"。

"超级年金"的目标是让国民在退休之后不必完全依靠国家来养老。根据法律,雇主必须从你的整体薪酬中拿出一定百分比,用于改善你的长期财务状况。从行为金融学的角度来看,这个方案很完美,因为它超越了你的损失规避偏见。由于这个方案具有强制性,其投资带来的长线收益会取代你对短期损失的规避。

我们在第1章中了解到,人类至今仍然不善于处理延迟回报。也就是说,我们不习惯在当下去做一些可能对未来有益的事情。著名畅销书作家及行为学家詹姆斯·克利尔(James Clear)完美地诠释了这一点:"我们会遇到旧大脑与新环境之间不匹配的问题,这种不匹配对当今屡见不鲜的慢性压力和焦虑有着重大影响。"

损失规避是我们在当今世界中经受的主要压力之一,而金钱会加剧这种压力。我们为了赚钱而努力工作,因此我们难以接受在未来可能会失去部分金钱的预期损失。

由此可以解释为什么延迟回报会对我们的思维产生巨大影响,导致我们遵循损失规避偏见这条捷径。

再次强调,损失规避是一种很正常也很健康的偏见。它是我们的内在防御机制之一。我们必须意识到这一点。

我们可以通过多种方式应对失去金钱的威胁，而接下来的章节我们将会探讨其中一些方式。要点在于：如果你采取措施来克服自己对失去金钱的恐惧，那么你可能会由此走上一条截然不同的道路。这条道路可以帮助你实现财务保障和财务自由。我并不是说金钱损失毫无坏处，关键在于我们要有效地进行风险管理，而不是完全回避风险。

自我归因：绝对没错，永远正确

你肯定认识这样的人：他们自视甚高——即使他们的观点是错误的，他们也会认为自己永远正确。这些人往往非常自信，以至于自认为不可被他人战胜。

过度自信会导致自欺欺人。为了避免由于过度自信导致失败而打击自尊心，这些人采取了一种自我保护机制，转而将这种失败归咎于其他人或其他事情。这就是所谓的自我归因偏见——人们将成功归因于自己的技能，而将失败归因于自己无法控制的因素。

涉及金钱时，这种偏见是很危险的，因为它会导致投资者不切实际地高估自己对投资的掌控力。投资者要想取得成功就必须对未来进行预测和深入分析。过度自信的投资者可能会高估自己的鉴别能力，并在"一知半解"或信息有限的情况下进行投资，这可能会导致错误和损失。

举一个例子来说明现实世界中的自我归因偏见。你可能听说过投资术语"牛市"和"熊市",也可能没听说过。关于这两个术语的起源,业界提出了很多理论,但似乎也形成了一种共识,那就是它们源于两种动物发起"攻击"时的形态。牛会从低处攻向高处,而熊会从高处攻向低处。因此,呈现涨势的市场行情被称为"牛市",而呈现跌势的市场行情被称为"熊市"。此外,这两个术语还被用来描述人们的看法是积极的还是消极的,而这些看法正是自我归因偏见的来源。

澳大利亚住房市场是争议最大的市场之一。抱有消极看法的熊派投资者一次次地瞄准这个市场,称其"存在泡沫""从根本上被高估""即将血流成河""正在发生灾难性崩盘"。然而,到目前为止,这些统统都是危言耸听的错误预测和分析。

这些熊派投资者做出回应时,把自己犯的错误归咎于一系列外部因素,如"澳大利亚储备银行已大幅削减利率来救市""政客需要住房市场保持强劲,否则该国将面临毁灭性打击""地产热仍未消停,令该国陷入不利"。

上文引述的每种说法都是一个例子,说明了这些人如何把自己犯的错误归咎于自己无法控制的原因。然而,如果住房市场的走向最终发生扭转(因为住房市场和所有其他市场一样,都会经历低迷时期),他们就会迅速向世界宣告自己是正确的。

承认自己的错误无疑很难，而承认自己在金钱方面的错误更是难上加难。在澳大利亚住房市场这个例子中，我所引述的这些说法可以追溯到 2011 年。2011 年到 2021 年这十年间，澳大利亚居民住宅房地产市场上涨了 84%，整体房地产市场上涨了 96%。

如果唱反调的熊派投资者在 2011 年从澳大利亚房地产市场撤出投资，由于一直预见该市场会崩盘而不再入市，那么他们会错过几乎翻倍的房地产投资。这一切都是偏见使然。

投资者会体验到并表现出这种偏见，这是情有可原的。接下来的章节我们将会详细讨论这种偏见，并将它与个人身份联系起来，而个人身份的外在表现当然包括金钱，即你能赚多少钱、如何赚钱以及如何花钱。

启发式简化：投机取巧走捷径

行为金融学家与心理学家喜欢使用复杂的流行术语，而"启发式简化"对他们来说真是再合适不过。

启发法是走捷径的统称。如果在决策中运用"经验法则"，尤其是在对某件事没把握的情况下，此时所使用的就是启发法。

人类会使用启发法来处理社交情境和职业情境。这种方法从本质上来说就是利用直觉。正如第 1 章中所讨论的内容，我们本能地知道自己所处社会环境的规范，并且会运用经验法则来塑造自己的行为，以适应社会环境。例如，你要接待贵宾，你的一举一动会自觉地保持最佳风范；你要与某人初次见面，你的言行举止会与老友叙旧时不太一样。这些都是使用启发法来简化社交互动的例子。

启发法有利于人际活动，但是，在金钱和投资领域，我们需要快速评估大量信息，或是在压力之下评估大量信息，因此这种方法可能会成为我们的障碍。

启发式简化分为四个部分：锚定、易得性偏见、注意力偏见以及确认偏误。它们都会影响我们与金钱有关的思维方式和行动方式。请注意，这四个部分并不互斥——它们相互重叠，可以共同发挥作用，也可以彼此对立。

锚定

"第一印象最持久。"我们都很熟悉这句话，也看到过第一印象有效发挥作用以及不起作用的例子。第一印象提供的基准或锚点能够帮助你确定面对某个人时应该如何做出反应以及如何与之互动。当然，经验表明，第一印象不一定是正确的。

在行为金融学中，"锚定"这一术语描述的是你对某种财务状况的第一印象。无论这种第一印象是对还是错，你都会倾向于坚持它。你在未来做出的所有财务判断都会以它为参考点。

假如你正在物色一辆新车。你找到了感兴趣的品牌和车型，价格是 35 000 美元。

有了这个基准之后，你开始货比三家，有家经销商同意以 33 000 美元的价格卖给你同一品牌和车型。也就是说，你可以享受 2 000 美元的折扣。你内心的"锚定"思维会认为这是一场胜利，促使你签下购车协议掏钱付款。

然而，你是否仅仅走了捷径，却没有买到更划算的产品？

如果下一家经销商以 31 000 美元的价格卖给你同一款车，那么你该怎么办？如果更划算的产品不是那款售价 35 000 美元的车，而是另一款价值 40 000 美元但售价 35 000 美元的车，那么你又该怎么办？你的第一印象是有人卖给你一辆"便宜"的汽车，这阻碍你进行更多的市场调查来做出更明智的决策。

价格锚定也会影响你的投资决策。例如，一只银行股的交易价格为 90 美元，另一只银行股价格为 30 美元。两家银行都拥有良好的声誉和强劲的赢利能力。根据这些信息，很多投资者会选择 30 美元的银行股，因为它看起来和 90 美元的银行股价值相同，但价格更便宜。这两只股票的锚定效应成因是它们的价格，即认为 90 美元的股票比较"昂贵"的看法。

但是，这些信息不足以让你做出明智的投资决策。

我们很容易忽略这样一个事实：股价 30 美元的银行客户数量是股价 90 美元的银行客户数量的一半，因此必须对产品进行打折才能获得业务。此外，业界认为 30 美元的股价已充分反映这只银行股的短期成长空间非常小。而股价 90 美元的银行不断进行创新，业务增长良好，并且无须打折。因此，我们将这只 90 美元的股票视为投资机会。

现在，了解这些信息后，你的观点应该已经有所动摇了。但是研究发现，即使掌握了这些额外的信息，很多人最初的锚点，即 90 美元的价格，也会导致他们怀疑这笔投资值不值。因为和 30 美元的股票相比，这只股票仍然显得比较"昂贵"。

锚定现象还包括凑整效应。这个效应是指人们对于凑成整数存在不合理的强烈兴趣。例如，澳大利亚标准普尔/ASX 200 指数达到 7 000 点，或者标准普尔 500 指数突破 4 800 点。

这些数字在计划安排方面没有多大意义，但却可以锚定人们的看法，并且可能会导致人们的非理性行为。有人提出，人类之所以喜欢凑整，是因为凑整比不凑整更容易处理。还有几项研究表明，人们觉得凑整的数字更加"富有美感"。

此外，人们在储蓄时往往也会凑整，比如在为住房首付、子女教育、不时之需或是更重要的财务自由存钱时。

为了实现这些目标，大多数人会选择"5%"之类的储蓄率。假设你要将 5% 的月薪存起来，如果月薪是 3 000 美元的话，每月储蓄金额就是 150 美元。你决定进行为期 10 年的储蓄，10 年投资平均年回报率为 6% 的话，这意味着如果一切保持不变，10 年后你的积蓄会达到 24 700 美元。

但是，为什么要选择 5% 的储蓄率？为什么不选择 6% 甚至 7% 的储蓄率？储蓄百分比略有提高，就可能对你的未来产生巨大影响，而且你也不必在短期内节衣缩食。

如果采用相同的例子和假设，分别应用 6% 和 7% 的储蓄率，那么你的积蓄将会达到 29 600 美元（6%，每月储蓄金额 180 美元）或 34 600 美元（7%，每月储蓄金额 210 美元）。如果储蓄率为 6%，积蓄可以增加 20%；如果储蓄率为 7%，积蓄可以增加 40%。

那么，我们为什么习惯于凑整呢？2013 年发表的一项关于凑整效应的研究发现，消费者在加油站进行自助加油时，喜欢把油费凑整。这项研究得出的结论是：凑整的数字更容易记忆、处理和进行数学运算。5 这个数字远比 6 或 7 更容易处理。

这不过是又一个通过捷径来简化日常生活的例子。这种做法就是启发式简化。

易得性偏见

无数人幻想过如果中了彩票大奖该怎么花。这种白日梦让人欲罢不能。根据澳大利亚卫生福利研究所的数据，三分之一的澳大利亚人经常赌博，其中彩票吸引的参与者最多。

稍有常识的人都知道，我们在赌博中的赢面很小，彩票的中奖概率微乎其微。显然，这一点不适合作为营销卖点。

相反，博彩公司会利用易得性偏见来怂恿我们，让我们相信自己可以成为下一个赢家。从本质上讲，易得性偏见是指我们对某件事情发生的可能性的看法取决于我们容易想到的信息（图 3.1）。这种偏见是近因偏见的"近亲"，而近因偏见是指将最近发生的正面事件或负面事件视为极有可能出现的长期结果。因此，别人买彩票中大奖的故事会改变我们对中奖可能性的看法——尽管之前可能有种种证据表明中奖概率很低。

图 3.1 易得性偏见

如果看到重大航空灾难的新闻报道,我们会对坐飞机这件事思前想后,担心下一个坠毁的就是自己乘坐的飞机。但如果仔细研究一下,我们就会发现这种思维过程是非理性的。根据美国国家安全委员会的数据,商业航空公司乘客的死亡概率约为 1/205 552。相比之下,因食物造成窒息而死的概率是 1/2 745,但吃东西这件事却不会让人思前想后。如果将上述统计数据结合起来,不妨想想这样一个事实:你死于空乘人员随饮料分发的花生的可能性比死于飞机失事的可能性还要大。

当我们遇到好消息时,易得性偏见也会产生影响,比如前文中彩票的例子。好消息会改变我们对赔率的看法,也会怂恿我们认为自己一定能想出中奖号码。赌场在利用易得性偏见方面达到了炉火纯青的地步。在赌场正门附近,你会经常看到有人赢得最大奖励的新闻。显示屏上很可能会列出最近一次中大奖的金额。

易得性偏见不仅会诱惑人们参与赌博,还会影响人们的投资决策。以散户抱团股或加密货币等投资选项的兴起为例,其中每个投资选项的相关信息都非常有限。我们获得的信息充斥着一夜暴富的故事。

这些例子令人担忧的地方在于,很多即时信息都是真实的。有人通过散户抱团股发了大财,有人通过加密货币变成了亿万富翁。但是,这些人都属于例外情况,并不能代表普遍适用的规则。散户抱团股、加密货币等都很好地说明了偏见如何与人格特质相结合，导致人们做出不利的投资行为。

注意力偏见

"快钱效应"是对易得性偏见的另一种描述，两者都会让你相信自己可以提前实现目标。一些人会被快钱所吸引，因此谈过易得性偏见之后，我们接下来谈谈注意力偏见。

许多行为金融学研究发现，个人投资者更有可能购买而不是出售引起他们注意的东西，尤其是当这些闪亮的东西被媒体提及、出现交易量异常或是出现极端单日走势时。

有一个引人注目的注意力偏见的例子就是堪称传奇的GameStop（GME）事件。

没有社交媒体账户、不看电视或者家里没有"千禧一代"的人可能没听说过这件事，因此请允许我简述一下事件的经过。

GME是一家总部位于美国的视频游戏零售商，在纽约证券交易所上市，表现平平无奇。但几名对冲基金经理认为GME连平平无奇都算不上，因此决定"做空"它，也就是向单位持有人借入GME股票，然后在市场上卖出借入的股票。这意味着他们押注股价会下跌。

2021年年初，一群Reddit活跃用户盯上了这几名对冲基金经理，前者认为后者破坏了市场秩序。在一个名为

第 3 章 金钱认知

"r/WallStreet Bets"的论坛中,有这样一群用户,他们对上述做空行为很不服气,于是一次又一次集体购买 GME 股票——巨大的购买量甚至开始超出那些对冲基金。于是股价被越推越高,对冲基金经理被迫将空头头寸平仓。他们在这个过程中大亏特亏。

此事立即成了全球金融界当时最受瞩目的重大新闻。一连六个星期,GameStop 的传奇故事日复一日登上全球新闻头条。

后来,媒体和市场的关注点很快就转向这些交易员和投资者赚了多少钱。这时候,注意力偏见开始作祟,因为人们讲述的不再是这场 GME 交易的初衷(击败对冲基金经理),而是迅速获利的故事。

进一步展开说说这件事之前,我们先来回顾一下丹尼尔·卡尼曼的工作。卡尼曼发现,注意力偏见尤其容易出现在投资中的买方身上,因为这些投资者在买入前需要对成千上万的投资选项进行筛选,但自己对相关信息的处理能力却非常有限。投资中的卖方不会遇到这个问题,因为这些投资者往往只是卖出手中已有的证券,因此无须进行大量研究。卡尼曼发现的问题是,由注意力偏见主导的买入可能会导致令人失望的回报,甚至导致损失,因为引起关注的事件可能只是昙花一现,或者从一开始就是错误的投资理由。

成千上万的投资者仅仅因为 GME 受到的关注,就以惊人的价格购买了 GME 股票。

GameStop 的神话最终灰飞烟灭，媒体和市场也翻篇了。这家平庸的公司不再备受关注，成千上万人一下子被严重虚高的股票套牢。一切都是因为他们的注意力偏见盖过了合理推断。

确认偏误

现在，我们来谈谈启发法的最后一部分：确认偏误。它具有与易得性偏见和注意力偏见非常相似的特征，并且会利用根深蒂固的思维。顾名思义，确认偏误是指选择性地寻求能支持自己观点的信息，或者以符合自己世界观的方式对事实做出解释。

当我们对政治、健康、金钱或任何相关主题持有一定的观点时，为了确认自己所相信的东西，我们会积极寻求朋友、同事、专家等人的意见。但是，这会让我们受到蒙蔽。如果只能听取和接触某些观点和信息，我们就不容易做出明智的决策。

社交媒体的回音室效应加剧了确认偏误。你可以轻而易举地确认自己所相信的东西——只需滚动浏览社交媒体页面，就会看到能够对你的选择、观念和观点加以正面强化的帖子。如果你与这些帖子互动，算法就会建议你关注其他分享类似内容的账户，从而进一步加强回音室效应。

确认偏误可以产生额外的效果，因为它利用了人类对正确性的渴望。出于人之天性，你会积极回避与自己的观点相悖的批评意见、报告或信息。相比之下，确认偏误是指积极寻求能从正面角度解释自己观点的意见、报告和信息。

金钱根本无法免受确认偏误的影响。想想看：为什么即使先买后付和免息分期付款在本质上是两种相同的方案，但前者却比后者更受欢迎？原因无非是人人都在使用先买后付，周围的人证实了你的选择没错而已。

有一些非常重要的财务观念与确认偏误相关。例如，为什么在我们的日常生活中，加密货币没有取代法定货币？为什么尽管投资房地产的长期回报低于某些资产，我们却往往更看好房地产？因为它对其他人很有效，而我们需要的只是通过这件事来进行确认。

还有许多与金钱有关的观念会导致确认偏误。例如，你是否从小就认为投资是赌博行为、金钱是万恶之源，或者认为只有黄金才是可靠的货币形式？毫无疑问，你对这些观点的回应方式会带有很大的个人偏见。单凭这一点，你就应该认真思考一下"是否任由确认偏误影响我对金钱的思考"。

锚定、易得性偏见、注意力偏见和确认偏误都很好地说明了，由于大脑需要简化决策，我们可能会付出怎样的长期代价。有一个非常简单的方法可以对抗启发式简化，那就是"不要'以貌取人'"。要积极搜寻不同的意见、观点和信息。我们都应该扪心自问一个根本问题：这是最好的选择，还是

047

仅仅是我眼中最好的选择？

接下来，我们将会探讨人格与金钱观的一致性，以及由此可能带来的挑战和陷阱。

> **反思**
> - 在你自己与金钱有关的思维和行为中，你能否找出上述偏见中的任何一种？（请实事求是。）
> - 你的偏见可能是在试图让自己避免什么？
> - 你可以采取哪些措施来帮助自己克服已发现的偏见？

第 4 章

五种金钱人格

CHAPTER 4

第 4 章　五种金钱人格

> 我们终其一生都会不断塑造自己的人格。充分认识自己,是我们在有生之年无法做到的事情。
>
> ——阿尔贝·加缪(Albert Camus)

如果想了解自己是个什么样的人,你就先要了解一下自己的人格。正如哲学家阿尔贝·加缪所说,认识自己是一场持续终生的旅程——金钱事务自然也包含在这场旅程中。但是,这场旅程会让你不虚此行。如果了解自己的金钱人格,你就能了解为什么自己的思维会对某些行为做出这样的反应。你越了解自己的思维方式,就越能领会自己行为背后的"原因",也会越善于在必要时采取措施控制这些行为。

人际关系在人格塑造过程中发挥着很有意思的作用。人类是社会性动物——与他人建立牢固的纽带是我们的天性。友情、爱情和亲情的纽带也会影响我们的理财方式。反过来,我们的金钱行为也不会仅仅影响我们自己。我们的生活是和其他人一起度过的,包括伴侣、子女、朋友和家人,甚至还有同事。我们的理财方式会影响我们与这些人的关系。

我们已经讨论了自己的身份,并由此引申出我们的人格是如何通过一系列经历形成的。剑桥大学的一项研究进一步探讨了家庭教养对我们的金钱观以及我们与金钱的关系有何影响。这项研究发现，孩子们的核心财务习惯很可能在七岁时就形成了，而其主要影响因素是父母的金钱习惯——无论是好习惯还是坏习惯。

剑桥大学的研究指出，年幼的孩子不仅会带着浓厚的兴趣密切关注父母的行为，还非常擅长模仿看护他的人，甚至在长大成人后也会这么做。这表明要想帮助孩子学会理财，最好的方法之一是了解我们自己的金钱人格和金钱行为。这样我们就能避免将坏习惯传给孩子。

你可能还想知道先天遗传与后天培养相比较的情况。至少在这一点上，一些人似乎生来就喜欢花钱，但并不会挥霍无度。密歇根大学 2017 年的一项研究发现，年仅五岁的孩子可能会对花钱与存钱已经能够产生截然不同的情绪反应。当然，五岁的孩子中很少有人接受过任何与金钱问题有关的正式教学。

因此，我们可以顺理成章地提出以下这个假设：某人倾向于花钱还是存钱，其成因可以追溯到童年生活——在当年这个人身边的成年人如何谈论（或不谈论）金钱，这些成年人在购物时对店内价格等事物有何反应，金钱是不是家庭中的压力来源。

顺便说一句，这种类型的行为研究可能会揭示你自己的金钱思维，同时也强调了从孩子小时候就采取轻松而明智的教育方式、围绕金钱与孩子展开对话的重要价值。如果等到孩子十几岁时才开始教育，那么你可能已经错失了非常宝贵的十年。这十年正是孩子人格塑造的关键期。正如第3章中所讨论的内容，偏见会对金钱行为产生重大影响。要想帮助孩子形成积极而非消极的金钱观，有一种方法可以强化那些能够促成更好结果的行为和体验。这种行为或体验很简单，例如通过让孩子花费自己的"有价值"物品（例如用他们认为有价值的东西来换取玩具）来帮助他们理解交易的概念，或是设立存钱罐等存钱工具（如果孩子把钱存起来一段时间，你就会加一点利息进去）。所有这些行为都会对孩子的金钱观产生积极影响，也会对他们的未来有所助益。

确定你的金钱人格

金钱人格有许多不同的定义。有人提出了七种，还有人提出了多达十种。如果概括一下，金钱人格其实可以被分为五种主要类型，其中一种类型是"矛盾型"。本书根据我对工作中接触过的数千名投资者的观察，提出了五种金钱人格——省钱者、花钱者、负债者、投资者和无知者。

当然，每个人都是独一无二的，因此我们无法用少数几个群体来准确描述每个人并对所有人进行归类。这五种金钱人格特质并非放之四海而皆准，并非所有人都会完美地符合其中一种人格。实际上，你可能会认为自己更符合某种人格，而这是相对于另一种人格而言。某些金钱特质可能会比其他特质更占优势。

这项练习的重点在于了解你的优势和盲点。认清自己看待金钱的方式，有助于你理解为什么自己银行账户中的钱非常多或是非常少，以及为什么思维模式会在整体财务状况和财务自由方面发挥重要作用。这项练习可以揭示为什么你很难改掉花钱或省钱的旧习惯。

那么，五种主要金钱人格都是什么样呢？我们来看看。

省钱者

我有一位同事十分符合省钱者的特质，我们不妨叫她安妮（Anne）。她的座右铭是"绝不买全价商品"。她喜欢等到商品打折后再买。她在离开房间时会有意识地关灯，总是打算用现金支付购物费用而不是刷信用卡，没有房贷，个人债务也很少。

安妮并不认为自己是个守财奴，但她承认自己很享受储蓄账户中现金充裕的感觉。她比较保守，愿意让自己的超级年金增值，但不愿进行高风险投资。因此她将余额投给了保守型投资项目，尽管还要再过几十年她才能动用退休储蓄。

以上都是省钱者的典型特征。对于任何面临严重债务问题的人来说，安妮的处境似乎令人艳羡。问题在于，节俭并不能积累财富,也未必意味着安妮享有财务选择权或财务自由。

安妮承认,她曾多次与很好的投资机会失之交臂,是因为她过于规避风险,不会动用自己的积蓄来投资那些能带来更高回报的东西。她担心自己可能会在遇到紧急情况时需要这笔钱。

她一直不愿意利用债务来装修房屋或是购置投资性房产。她从不在旅行或外出就餐等生活体验上花钱,因为她认为这些体验没有价值。

拥有省钱者人格确实可以表明你是个自律的人,表明你能够克服想要立即获得回报的人类天性。这还表明你有着强烈的理性财务决策倾向。

但是,这也表明金钱本身对你来说具有"实体价值",花费金钱来换取另一种资产(投资、物品或体验)会让你极其不适应。在省钱者眼中,其他资产的价值与金钱本身不可相提并论。省钱者往往也会抱有损失规避偏见,这是最难改变的偏见之一。

你要知道现在拥有物质金钱所带来的安全感会随时间的推移妨碍你增加自己资金的能力。你今天所拥有的金钱需要随着时间的推移而增值,否则你就会面临通货膨胀的侵蚀。

从未有人由于身为省钱者而破产,这一点很好。不过省钱者也会错失能让他们获得财务选择权的机会。我的同事安妮从未陷入困顿，但保守的金钱观可能会导致她无法充分发挥财务潜力。

花钱者

顾名思义，花钱者更关注的事情是如何花钱，而不是如何让金钱为自己工作。花钱者不是单纯的购物狂，这个概念要比购物狂宽泛得多。

花钱者通常喜欢一切最新事物，从新款科技装备到新近家居趋势，再到各种稍纵即逝的精彩体验，以及对任何人都没有太大好处的昂贵物品。所有这些都要花钱，但我们谁也没有无限量的现金资源可供动用。花钱者可能会因此而背负沉重的债务。

此类债务被称为"不良债务"，即用于购买负增值（例如车辆、旅行或服装）和高利率资产的债务（例如个人贷款、信用卡和先买后付方案）。所购资产的价值将会随着时间的推移而贬值到零。反之，优良债务是指用于为增值速度能跑赢利率的投资项目或资产融资的债务。

花钱者可能受到各种不同力量的驱使。"害怕错过"的心态可能会成为一种动力。这可以追溯到出自 20 世纪初一部美国连环画中的英语俚语"keeping up with the Joneses"，字面意思为"赶上邻居琼斯家"，指的是赶时髦、比阔气的现象。那些容易将自己与同辈进行比较的花钱者可能会面临不小的财务压力，一些人甚至可能会由于超出自身能力的消费而走到破产的境地。美国费城联邦储备银行的一项研究发现，住在彩票中奖者隔壁的人更有可能申请破产。这项研究认为其原因是中了彩票的邻居会花大钱购买新车、华丽家装以及其他商品，从而导致没有中彩票的邻居下意识地效仿。尽管后者不是中大奖的人，但他们也会花大钱购买类似的商品。这意味着消费超出自身经济能力时，这些人最终会面临破产。

花钱带来情感上的满足也会发挥作用。《消费者心理学杂志》（*Journal of Consumer Psychology*）上发表的一项研究表明，"购物者高潮"是真实存在的。这项研究发现，购物疗法可以立即带来快乐的感觉，还有助于克服悲伤，因为它能带给我们一种掌控世界的感觉。但是，就像所有高潮一样，这种愉悦感非常短暂。从长期来看，花钱者可能会陷入银行账户资金紧张、存款金额过少，以及更糟糕的债务过多等问题。

很有意思的一点是：研究发现，花钱者人格并不会规避投资或财富增值。事实上，花钱者往往比省钱者更愿意承担风险。花钱者面临的问题是，许多人往往要等到最新一轮季节性减价完全结束之后才会考虑投资这件事。

花钱者还要面对另一个现实问题，那就是物质财富往往很快就会失去光彩，无论是从它们带来的快乐来说，还是从它们的货币价值来说，都是如此。因此，花钱者会陷入一种金钱循环，而这种循环可能很快就会失控，因为他们总是在寻找光彩夺目的新事物。他们很可能会出现严重的入不敷出的情况。

打破任何心理循环都是很难的事情，花钱者不应该指望快速改变自己的金钱习惯，而是应该考虑逐步做出小小的改变。花钱者不妨先制定一份预算，然后随着时间的推移额外增加一些小小的措施。这样就会有很好的开端。这么做有助于克制花钱者花钱的冲动，从而帮他们省下现金来还清信用卡债务或是"先买后付"债务，将更多钱存入银行账户。从此以后他们便能重回正轨，开始积攒备用资金，以便开始投资。谁知道呢？扩大投资组合也会让多巴胺飙升，效果可能不亚于买一条新牛仔裤。

此外，请理解这样一件事：花钱者不必突然停止花钱行为。享受金钱的方式也包括选择用钱去做什么。关键在于花钱者要确保自己有足够多的钱做出消费选择，而不会受制于超支和债务的负面影响。

负债者

如果你经常刷爆信用卡，总是在下一个发薪日之前就把工资花光，或者身背多笔个人贷款，那么你可能符合负债者人格。负债者有一个显著的共同点，那就是不断出现入不敷出的情况，并通过借钱来维持支出。负债者与花钱者相似，但他们不仅更有可能超支，也更有可能采取会导致严重财务困难的债务使用方式。

我在这里讨论的债务是指会贬值的债务，也就是用于购买存在时间短暂、没有持久价值的商品的债务。债务不一定是指未还清的信用卡欠款金额。越来越多的人转向了先买后付和其他"零利率"计划，而这些计划可能会让人一不小心就陷入财务困境，其痛苦程度不亚于高息信用卡。

就像花钱者一样，人们可能会由于各种原因最终陷入不良债务永无止境的死循环。一些原因显而易见，比如因伤病导致的收入损失。但这些原因都会导致长期财务问题。

根据美国心理学会的数据报告显示，近四分之三的美国夫妇将金钱列为他们关系中最大的压力源，近四分之一的人曾因金钱问题而承受过极大的压力。报告发现，有时人们甚至会由于财务状况而搁置医疗保健需求。这种债务循环可能造成的损害是广泛的。

大多数心理学家和金融专家一致认为：要想打破债务循环，非常关键的第一步是了解自己持续超支的因素。部分问题在于，负债者并不是总关注个人财务状况。

做好债务控制是一件至关重要的事情。实际上那些利率很高的短期借贷产品会从你手中拿走20%以上的税后收入。当然，你将来还需要偿还本金。因此，负债者很难在财务方面出人头地。负债者应该重点关注如何做好债务控制，以及

一口吞掉大象的理财通识

如何留出更多现金用于储蓄，进而用于投资。

投资者

投资者对自己的财务状况有清晰的了解，并且会积极主动地努力实现自己的目标，其做法包括量入为出、节省差额以及用省下的钱进行投资。

对投资者而言，明智的理财方式并不意味着要成为吝啬鬼或财迷，而是要让金钱以符合自己的目标和风险偏好的方式为自己服务。投资者往往比省钱者更有魄力，并且愿意放弃一定程度的确定性来换取自己想要的东西。投资者也更有可能把钱花在他们认为具有长期效益的资产上，比如装修投资性房产或增加私人住宅的价值，以帮助其实现升值。

这个群体往往财务状况更宽裕。他们在财务选择权和财务自由方面有更大的选择余地。但是，一些人如果动用过高的杠杆来投资不良资产，或者由于对自身能力过于自信而投资失策，就有可能迅速从投资者变成负债者。

尽管如此，如果你确实认定自己是投资者，那么你很可能已经走上了正轨，并且应该可以随时间推移而获得收益。

无知者

无知者有时被称为"鸵鸟"，是指忽视个人财务状况并以不知道为借口的人。无知者很可能根本不了解自己的财务状况，因为他们不会查看自己的银行余额、信用卡对账单或是退休养老账户。

这未必意味着他们没有钱——更常见的情况是，他们毫不关心自己的财务状况。这意味着，他们无法做出长线投资决策，可能会与良好的投资机会擦肩而过，也可能因没有储蓄而错过购买家庭住宅等资产的机会。

恐惧是这种人格最根本的特质。由于对做决策这件事感到焦虑，他们可能根本不会做任何选择。与后来事实证明自己做出了"错误"决策相比，不做任何选择似乎更容易。

无知者还可能导致将个人财务决策委托给他人。在这种情况下，人们会将财务决策权交给合作伙伴、同辈或顾问，而自己并不知道投资了哪些东西，也不知道受委托方如何使用自己的资金。

如果你是无知者，那么解决这个问题的第一步就是找到一种方法来克服恐惧心理并直面自己的财务状况。这种方法可以很简单，比如摸清收入的去向。你的收入会进入某个特定的银行账户，还是会分散在多个账户中？接下来，去相应的账户中查看你的支出。你会把钱花在哪些东西上？你的钱去了哪里？了解这些信息可能意味着你迈出了提高条理性并了解自己财务状况的第一步。接下来，你可以着手制订以目标为导向的储蓄计划。这个计划可以很简单，比如从此为度假、住房首付、退休储蓄等计划而存钱。

你能否改变自己的金钱人格?

确定了自己与以上哪一种人格类型最贴近之后,你就应该制订旨在带来改变的行动计划。不妨逐步对我们的理财方式做出一系列小小的改变,这种做法比脱胎换骨的巨变更容易实施。随着时间的推移,小小的改变也有可能结出硕果。

你可能想知道自己的金钱人格有没有可能改变。虽然我也不确定你的金钱人格有没有可能彻底改变,但是人总会不断发展变化。承认自己有着什么样的身份、是个什么样的人,将有助于解决自己的人格类型可能会遇到的财务障碍。虽然做出改变可能会难上加难,但是如果你的金钱人格会妨碍自己拥有健康的财务状况,那么这件事就值得你去努力。

反思
- 你最符合哪一种金钱人格?
- 你有没有遇到过与自己的金钱人格相关的财务障碍?
- 你可以通过逐步做出哪些小小的改变来克服这些障碍?

第 5 章

发生金钱冲突时

CHAPTER 5

第 5 章　发生金钱冲突时

> 有些人只是手中有钱，有些人则是真正的富有。
>
> ——可可·香奈儿（Coco Chanel）[1]

所有人的人格都是他们自身独一无二的存在，而具有不同人格的人之间的互动是最令人着迷的课题之一。在研究条件下，人际关系往往看起来是完全非理性的；但在现实世界中，这些关系会通过适应、变化和欲望发挥作用。

人际关系之所以非常复杂，是因为这些关系与个人需求和欲望纠缠在一起。任何人在择偶时，都不太可能出于不带任何感情色彩的理由而做出选择。这是生命的伟大奇迹之一：两个有着不同的人格、偏见、文化考量和生活经验的人走到了一起。生物学方面的争论有时会从体质人类学的角度展开讨论。社会人类学观点认为：我们之所以会通过择偶"安定下来"，是因为这样可以带来安逸、节省时间，以及满足我们安定下来的愿望。

对我来说，最有意思的是我们如何遇到自己的伴侣，以

---

[1] 加布里埃·香奈儿（Gabrielle Bonheur Chanel），又名可可·香奈儿。法国时装设计师，香奈儿品牌创始人。——编者注

及每一对伴侣找到彼此的概率有多大。如果你思考一下这件事,你会感到震惊。

本书开头提到,我在大学课堂上发现,我们的大脑在生理方面与三万五千多年前出生的人没什么两样。现在,让我们回到那堂课上。接下来,那位讲师提出了一个巧妙的问题:如果用滑动条来表示在这个世界上找到伴侣的概率,那么这个概率会落在什么位置?他在黑板上画了一条连续不断的长线,然后让我们在这条线上用一个圆点标出自己认为这一概率所在的位置。大多数人遵循了钟形曲线,把圆点放在了这条线中段的某个位置。讲师笑了笑,然后标出了自己的圆点。

这个圆点位于这条线起点的概率为0.005%,这"在统计学意义上是不可能的"。

以下是他的理性推理。假设世界上有80亿人,其中大约一半人是男性,一半人是女性。因此,你的选择余地瞬间就小了一半,对于同性恋人士来说也是如此。在剩下的40亿人中,95%的人很可能和你不在一个年龄段——从通俗的角度来看,他们的年龄对你来说要么太大要么太小。因此,人数现在降到了2亿,不过还是很多。然后再看看地理因素——在这2亿人中,有多少人生活在距离你10千米以内的地方?

为什么是10千米?我们需要能够轻松与伴侣进行面对面的互动。如果两人的住处相距很远,就会让互动受到限制。

虽然在这种情况下也并非无法进行互动,但是我们不喜欢延迟回报,在面对面互动方面也不例外。

现在,2亿人已经减少到只有几千人。

这时就要看机缘了。你实际上会怎样遇到这些人?通过朋友、家人介绍?通过偶遇、同校就读、约会软件?相遇都是机缘巧合。当你遇到这些人时,他们对你来说有没有生理上的吸引力?请记住,这是从体质人类学的角度来看,因此以貌取人也无妨。你是否会与对方互动?你会不会错过与对方建立联系的机会?你们的性格合拍的概率有多大?

因此,讲师的圆点落在了 0.005% 对应的位置。根据体质人类学理论,由于现实原因,我们几乎不可能找到伴侣。尽管如此,我们确实可以遇到伴侣。这是因为我们希望这件事发生——就这么简单。在生物学天性和生育欲望的驱使下,我们会与自己所在圈子里的人见面并确立亲密关系。体质人类学课堂让我明白了这样一件事:人与人之间难免存在差异,但你还是可以找到伴侣的。

亲密关系中的"压力锅"

亲密关系的美好之处在于有人与你共度人生,在于享受生活和经历冒险,在于品尝成功和失败的滋味,在于创造回忆和共赴梦想。这些行为都具有个人价值,但不一定存在价值差异，也不一定会发生价值损失。

对于支出或借钱等可能带来损失的行为，你可能会觉得没有问题，但你的伴侣可能会觉得有问题。我们都知道，结为伴侣的两个人之间会存在差异。每对伴侣都会偶尔面临挑战和分歧，有时还会因此而发生口角。如果在这些挑战中加入金钱因素，你们就会从内心感受到更多压力。与金钱有关的心理活动是根深蒂固的。

研究表明，金钱纠纷是美国第二大常见离婚原因，仅次于不忠。在澳大利亚，四分之一的人表示，金钱在他们的亲密关系中造成了不平衡感；五分之一的人承认，金钱问题曾经断送过他们以往的亲密关系。

某些金钱行为尤其让人反感，甚至可能会让尚未走上正轨的亲密关系早早夭折。最近的一项调查指出了潜在恋爱对象令人无法容忍的几大行为（表5.1）。排在首位的是"破坏性支出"，即在博彩、吸烟和酗酒等方面的过度支出。其次是谎报个人财务状况，最后是难以支付基本生活费用或没有财务规划。

表5.1 对亲密关系破坏力最大的几大财务行为

财务行为	破坏力占比/%
破坏性支出	80.2
谎报个人财务状况	76.8
无法支付基本生活费用	71.1

续表

财务行为	破坏力占比/%
花费全靠信贷	62.2
不会做预算	58.4
缺乏财务独立性	55.7
没有财务规划或财务目标	52.6

来源：凯利·埃默顿（Kelly Emmerton）于2018年发布在Mozo网站上的一篇文章：《问题不在于你自身，而在于你的银行账户：澳大利亚对亲密关系破坏力最大的财务行为》(It's not you, it's your bank account: Australia's biggest financial relationship deal breakers)。

关键在于沟通

第4章介绍了五种截然不同的金钱人格——花钱者、省钱者、负债者、投资者和无知者。如果亲密关系中的两个人有着不同的金钱人格，他们就有可能发生冲突，这一点似乎显而易见。例如，花钱者和省钱者结为伴侣，虽然这看起来可能会酿成一场灾难，但是有效沟通有助于消除不同金钱人格之间相关的矛盾。

美国一项调查发现，自称婚姻"美满"的受访者当中，94%的人表示他们会与配偶讨论自己在金钱方面的梦想。相比之下，自称婚姻"还好"或"处于危机中"的受访者当中，这一比例仅有45%。此外，大多数自称婚姻美满的人（87%）还表示，他们会和配偶一起为两人的金钱设定长期目标。

通过这项调查得出的结论是，你和伴侣不一定非要具有相同的金钱人格才能享有持久的亲密关系。但是，你们确实需要进行团队合作，从而不可避免地需要以具有建设性且不加评判的方式讨论金钱问题。即使在亲密关系的早期阶段，确定自己和另一半的金钱人格以及对于理财的态度，也是件值得去做的事情。这将有助于你们理解彼此的观点并进行建设性对话，从而巩固你们的亲密关系。

众所周知，金钱可能是让人难以启齿的话题，即使面对长期伴侣也是如此。在进入稳定的亲密关系之前，我们对于个人财务状况要么只字不提要么很少提起，这是情有可原的。毕竟，围绕退休储蓄或汽车贷款展开的对话几乎毫无浪漫情调可言。

我们当中也有很多人对自己的理财方式深感羞愧。例如，向配偶或伴侣坦陈自己欠了债或遭受了经济损失是最艰难的事情之一。当你知道自己过去所做的决策不再会仅仅影响自己，还会影响某个（或是某一群）你深爱的人时，由此带来的心理压力会让你感到非常无力。当你渴望摆脱财务压力时，这种欲望可能会导致你做进一步的冒险，从而不可避免地导致进一步的损失。这就是金钱人格与个人欲望发生冲突的情况——你害怕伴侣会嫌弃自己，也害怕你们在这段亲密关系中不再平等，因此你想要尽快弥补自己犯下的错误。

这个话题之所以让人难以启齿，还可能是因为它违反了一些文化习俗和社会规范。这些规范比较忌讳谈论个人财务状况。

但是，自己的别扭心理是值得去克服的。你最好以不加评判的方式找伴侣谈一谈，这样你们双方才能理解对方金钱行为背后的原因。对于自身经历和自己在金钱方面遇到的挑战，你们也要坦言相告。你可以问问伴侣，他/她的父母、密友和家族成员如何对待金钱，他们是否曾经入不敷出，他们是否曾经吝啬到一毛不拔的程度。

你可以和伴侣谈谈你的未来目标，也问问对方有哪些目标。你们可以讨论一下如何实现这些目标。

或许你们可以各自谈谈自己在金钱方面害怕哪些事情，并将话题转移到有助于你们通过针对共同的财务状况积极采取措施来减轻担忧的策略上。

要点在于：无论你们的亲密关系持续了五个月还是五年，开始谈钱都永远不嫌早，也永远不嫌晚。要慢慢来，要保持积极的态度，以便日后你们围绕自己的财务状况开展进一步讨论。

在进行这类谈话时，请务必牢记：没有任何人拥有完美的金钱习惯。所有人都会偶尔在支出上出现失误。我敢肯定，我们谁也无法声称自己从未忘记过账单，也从未购买过不需要的东西。一生中至少做出过一个错误投资决策的人不在少数。因此，无论你是省钱者、花钱者、负债人、投资者还是无知者，伴侣的金钱人格都有可能给你自己的财务状况带来一些新变化。这就好比是给一张弓装上了新弦。

你的、我的、我们的——保留一些"自有"空间

结为伴侣并不意味着双方必须毫无保留地共享一切。二三十年前，有一种做法很常见，那就是夫妻开设一个共用银行账户，将双方的所有资金汇集到其中。现如今，只有不到二分之一（44%）的澳大利亚人愿意与另一半实现100%的财务共享；三分之一的人拥有一部分共同财务，但也保留了独立银行账户，双方的资金也是独立的；五分之一的澳大利亚人选择始终将个人财务与伴侣完全分开；大多数人都保留了个人超级年金账户。

很显然，没有任何一种理财方式始终正确或始终错误，这与伴侣的金钱人格无关。尽管如此，我也发现有一种方式对大家都行之有效，那就是"自有"账户。这是一个账户或储蓄工具，你可以在其中持有一笔资金，这笔钱可在不征求对方意见的情况下供自己使用。所以，如果你想买一套新的高尔夫球杆（或是你感兴趣的任何东西），你就可以用这笔资金来购买。这种理念认为，自有账户中的资金是属于个人

的，个人可以放心去花这些钱，因为这不会影响你的伴侣、家庭或整体财富。

有一种明智的做法，即为伴侣设立"对方自有"账户。这种做法可以减少怨怼。要知道，如果一个人是花钱者，而另一个人是省钱者，双方就很容易互生怨怼。双方各有一个可以独立消费的账户有助于避免"财务不忠"。财务不忠是指其中一方将共同资金用于秘密支出或破坏性支出，还指其中一方拥有另一半根本不知道的银行账户或信用卡，但另一半却要以共同持有者的身份承担相关法律责任。贷款购买住房或家用汽车等共同资产时，可能会出现这种情况。如果伴侣中的一方是"不知情者"，并且从一开始就对信贷用途或原因不加过问，就可能会出现这种情况。

一些人可能会将财务不忠视为比外遇更恶劣的行为。调查显示，多达五分之一的人会这么认为。形成这种观念的核心原因在于，违背信任可能会造成丧失财务自由的问题。你会觉得自己"浪费了时间"，因为你在对方做出财务不忠行为之前，为达到特定财务状况而付出的时间、努力和牺牲，如今都白白浪费了。你还要考虑未来需要如何努力工作，才能从这种情况中恢复过来。

因此，你需要在金钱方面对伴侣保持透明，在你们已经合并财务的情况下更要如此。

扬长避短

如果伴侣双方具有不同的人格，其积极意义也显而易见。你以一种方式看待事物，伴侣以另一种方式看待事物。你自己的看法可以帮助对方了解不同的观点，反之亦然。而且这样一来，你们俩都能扬长避短。

伴侣之间往往会有所分工，尽管双方有时会对这些分工心照不宣。例如，双方可能会一个人负责采购杂货，而另一个人则负责做饭烧菜。财务方面也是如此。在了解彼此在金钱方面的优势之后，你们就可以运用不同的财务倾向来实现最好的结果。

例如，由省钱者和花钱者组成的家庭可以采取以下做法：省钱者先研究一下优惠价格，再由花钱者出手购买，这样可以满足后者内心的消费倾向。省钱者也可以作为参谋与伴侣进行协商，设定购物预算，并确定最佳支付方式是储蓄还是信贷。

我要强调一件事的价值，那就是伴侣双方在每个阶段都应坚持参与家庭财务管理。尽管你们不一定都要知道汽车保险的确切缴纳日期，也不一定每天都要对投资的价值进行跟踪记录，但你们都应该表现出对夫妻共同财务状况的兴趣。

我之所以这么说，是因为在现代生活中，亲密关系破裂是司空见惯的事情。澳大利亚统计局的数据显示，2020 年有

第 5 章 发生金钱冲突时

78 989 对夫妇结婚，49 510 对夫妇离婚。这表明超过半数的婚姻走不到最后。如果你们在夫妻关系存续期间坚持参与家庭财务管理，那么万一将来婚姻出现问题，你们决定分道扬镳时就能减少不愉快的意外情况。

在亲密关系中，金钱冲突显然是一个很大的压力源。但我们深究一下就会发现，真正的问题可能根本不在于金钱。澳大利亚关系协会（Relationships Australia）指出，尽管大量研究表明金钱和财务状况会影响亲密关系的质量，但这可能只是表象，而不是深层的原因。

无论你们具有什么样的金钱人格，了解对方的不同观点都永远值得尝试，最好可以找到双方都能认同的折中方案。

反思

- 你的伴侣最符合哪一种金钱人格？
- 在金钱方面，你和伴侣的优势和劣势可以如何互补？
- 你上一次与伴侣以冷静、不加评判的方式谈论金钱，是在什么时候？你们俩是否都清楚自己的个人金钱目标以及双方的共同金钱目标？

第 6 章

获得自由：选择权的真相

第 6 章 获得自由：选择权的真相

> 命运不在于机遇，而在于选择。命运不是等来的，而是争取来的。
>
> ——威廉·詹宁斯·布赖恩（William Jennings Bryan）[1]

如果我问你，什么东西能让你感到幸福？我猜你的第一反应会是停下来回想一下。因为这个问题要比看起来更加复杂。这样东西很可能不是你的工作或财富。

《人格与社会心理学》（*Journal of Personality and Social Psychology*）杂志指出，对幸福感贡献最大的因素是自主权，而拥有自主权的感受是："觉得个人生活（包括生活中的各种活动和习惯）是自己选择的，并且得到了自我认可。"

这一思想是由美国心理学家安格斯·坎贝尔（Angus Campbell）提出的。他指出："要想预测某人会不会拥有积极的幸福感，比起我们考虑过的任何客观生活条件，更可靠的指标是这个人是否拥有对生活的强烈掌控感。"

一项又一项研究发现，那些相信自己能够掌控个人命运

---

[1] 美国第 41 任国务卿。——编者注

的人自称拥有"极大的积极幸福感"。掌控个人命运是一种主观感受。请听我讲一讲自己在失去掌控感之后，通过金钱"获得自由"的个人经历。

我的人格和个性一直与自己取得的成就交织在一起。特别是在过去，我曾经用我的成就来定义自己。我不会羞于说出这件事，因为我知道这是事实——至少现在来看是这样。

我第一次意识到这一点时，情况是这样的：当时我的成就、个人掌控感和幸福感发生了冲突，我被迫停下来对自己的幸福感（或者说是缺乏幸福感的状态）进行评估。我在当时非常喜欢自己的工作领域，现在也仍然非常喜欢。这个领域就是：世界上不同市场中的生活方式。我的工作内容涉及对各个市场进行研究和投资，以及撰写相关内容、展开相关讨论和进行相关推介。我做梦都想不到自己能够从事这份职业，也从未意识到这份职业会给我带来这么大的成就感。这种程度的满足感促使我理所当然地做好分内之事，取得成功自然也是水到渠成。

然而，虽然我非常喜欢自己的工作，但我所在的工作环境并不理想。我无法控制自己的工作时间、工作方向、所任职位或内心的成就感。显然，我在任何方面都没有优秀到无可替代的地步，对于我所在的组织来说自己的价值很低，就像"一次性用品"一样随时可能被抛弃。无论多么大的成就感都无法克服这一点，于是我开始厌恶上班。

对自己曾经非常喜欢的东西心生厌恶是非常难以调和的问题。我知道自己为什么会产生这种感觉——我已经失去了对自己命运的掌控感却不知道如何找回它。

值得庆幸的是,有人可以为我出谋划策。我的叔叔是一名心理学家兼咨询师,在进行非常有建设性的讨论之后,我们制订了一个计划来帮我找回自我掌控感。大致内容如下:

1. **明白困境终将结束**——虽然我看不到摆脱困境的出路,但如果明白困境不会永远存在,明白困境终将结束,就是迈出了第一步。从本质上讲,我必须接受现状,同时也要明白困境不会一直如此。

2. **找到应对机制**——我必须想想自己的内心需要的是什么,这样就不会让当前的现实情况影响自己未来的想法或思维。我所找到的机制就是,与工作场所的文化和日常运作撇清关系。我在工作日做好分内之事,下班之后就立即从工作中抽身而出。在工作时间以外,我与工作毫无联系。这意味着,一天中仍然有几个小时属于我自己,能够被我掌控。

3. **迅速顺应变化**——发生变化之后,我必须坦然接受短期的混乱。我必须接受失去成就感时自己的自尊心会被打击。之所以失去这种成就感,是因为我可能会告别自己钟爱的职业。还有一个原因是我会失去稳定又高薪的工作,一切都要从头再来。而实际发生的事情是,我此时可以规划并掌控自己的命运，从而在未来取得不一样的成就，同时享受自由带来的幸福感。

在与叔叔谈话之前，我之所以看不到摆脱困境的出路，原因之一在于我的财务状况。当时我拿着一份高薪，并且肩负着家庭责任，我不想去冒失去这种安全感的风险（损失规避偏见有多种表现形式，我的上述情况也是其中一种）。

但是，我自立门户之后，金钱和财务自由就充分彰显出真正的价值。

那时我已经进行了几年储蓄和投资，因此尽管我觉得我们面临财务压力，但这种压力实际上并不存在。事实证明，我拥有财务自由，因此能够选择自己的未来，并找准自己想要的个人成功之路。这是一条能让我获得自由的自我实现之路。

得益于我们的财务状况，我可以从容地寻找成就感并重新定义成功，进而重新审视自己的个性和人格。如果你有机会自立门户，那么这种机会可以改变你的人生。

财务自由胜过一切股息或投资回报。你拥有多少财产并不重要，只要在想要的时间里以想要的方式去做自己感到幸福的事情就好。财务自由不仅能让你获得自由，也能让至亲至爱之人获得自由，因为你的个人命运会给自己带来幸福感，进而给自己生活中的其他人带来幸福感。

时间就是金钱，金钱就是时间

有一种方法有助于你获得财务自由，那就是了解金钱是什么以及金钱不是什么。从根本上讲，金钱只是价值交换的载体，而在我看来，价值存在于旁观者眼中。

因此，价值可以表现为任何事物。它可以表现为房子、汽车、假期，或是与爱人共进晚餐的体验。但是它也可以表现为时间——我刚才通过自己的例子说明了这一点。金钱让你有时间来写书、改行，或者去做更多想做的事情。

沃伦·巴菲特（Warren Buffett）谈到时间时这样说："它是唯一买不到的东西。我是说，凡是我想要的东西，我基本上都买得起，但我买不到时间。"我认为他说得对，因为无论怎样试图购买时间，你都无法让时间流逝速度变慢。但你可以用金钱来"赢得时间"——这就是金钱的核心价值。

"时间就是金钱"这句格言告诫大家，虚度时间会让人付出金钱成本。也就是说，你将越多的时间用来工作，就会赚到越多的钱。但是，"金钱就是时间"或许同样成立。接下来，请琢磨一下这句话。

你需要敏锐地洞察现在、明天和未来几年的状况，才能了解如何让自己实现财务自由。墨西哥渔夫的故事很好地说明了这一点。故事是这样的。

◆ 一口吞掉大象的理财通识

在墨西哥一个沿海小村庄的码头，一名美国商人遇到一条靠岸的小船。船上只有一名渔民，船内装有几条大鱼。美国人称赞墨西哥人的鱼品质不凡，并问他需要多长时间才能捕到这些鱼。

墨西哥人回答："只要一小会儿。"然后美国人问他为什么不在外面多待一会儿，捕到更多的鱼。墨西哥人表示，自己赚到的钱在眼下足以养家糊口。美国人接着问道："但是你在其余时间都会做些什么呢？"

墨西哥渔夫说："我睡到很晚才起床，然后捕一会儿鱼，陪孩子们玩一会儿，和妻子玛丽亚一起午休，每天晚上溜达到村子里，和朋友们喝喝酒、弹弹吉他。我的生活很充实也很忙碌。"

美国人嗤之以鼻："我是一名成功的商人，可以帮到你。如果你花更多时间捕鱼，就可以用赚到的钱买一条更大的船。用大船赚到钱后，就能多买几条船，最终拥有一支渔船队。你可以把捕获的鱼直接卖给加工商，而不是卖给中间商，最终开设自己的罐头厂。你可以掌控产品、加工和经销。当然，你需要离开这个沿海小渔村，搬到墨西哥城，最终搬到纽约市去经营不断扩张的企业。过了十五到二十年，等到时机成熟，你可以宣布进行首次公开募股，向公众出售公司股票，赚到成百上千万美元。"

墨西哥人说："赚到那么多钱之后呢？"

美国人说:"你就可以退休了,然后搬到一个沿海小渔村,在那里睡到很晚才起床,捕一会儿鱼,陪孩子们玩一会儿,和妻子一起午休,晚上溜达到村子里,和朋友们喝喝酒、弹弹吉他。"

我们可以从这名墨西哥渔夫身上学到很多东西。正所谓"少即是多",你要让生活变得简单一些,要找出对你很重要的东西,要把时间和精力用在最重要的事情上,要为了生活而工作,而不是为了工作而生活。这些对于解放你的时间来说都十分重要。

但是,我认为这句格言没有提到有关时间范围的思考过程。

渔夫考虑的是眼下状况,而商人考虑的却是长远未来。两种思维实际上都可以在实现财务自由方面发挥一定作用。问题在于:如何安排你的金钱,才能让金钱在现在、明天和多年之后都能为你服务?

水桶策略

1985年,美国财务规划师哈罗德·埃文斯基(Harold Evensky)提出了所谓的"水桶策略"。这个理念将个人投资组合/财富分成三个"水桶":用于生活开销的现金桶;依托于收入型资产的短期投资桶；旨在进行成长型投资的长期投资桶。

这种方法有一个好处，即能让你抛下心理偏见，并确保你的金钱随时间推移而为你服务。通过将个人财富划分到三个用途明确的水桶中，你可以利用在当下提供生活保障的现金来"赢得时间"。还有一些投资会产生短期内可以使用的收入，而另外一组投资则用于追求增长以实现长期财务自由目标。

根据埃文斯基的理念，第二个水桶和第三个水桶产生的收入可以细水长流地注入到第一个水桶里。如果出现资金缺口，你就可以按照既定时间表系统性地补充，也可以在市场繁荣期择机补充。这种方法的好处是，在市场低迷时或是在需要支付日常生活费用时，你可以避免抛售你的投资组合。

如今世界各地的超级年金和养老基金都提供了这种配置，以便让进入养老金领取阶段的人们在退休期间保有比较稳定的退休储蓄。但是，我认为可以用一种改良方式来考虑水桶策略，让它适用于所有人，而不仅仅适用于退休人员。

我认为水桶策略可以帮助我们从时间角度将个人财务概念化。正如我们在本书前文中讨论的，我们的头脑喜欢进行划分，并且会尽其所能确保轻松快速地做出决策。将时间连续性融入你的思维中能解放你的金钱，还能解放对你来说最重要的东西——时间。

第 6 章 获得自由：选择权的真相

假设你现在打算进行装修。有一家备选建筑商递上了一份 250 000 美元的固定价格合同。你头脑中的第一反应是："现在需要拿出 250 000 美元。我可以这么做吗？"其实合同显示，工程需要一年才能完成，并且分为 5 个阶段，你只需在每个阶段完成后付款即可。你将在每个阶段结束后支付50 000 美元，而最后一笔 50 000 美元的款项将在一年后支付。这次装修仍然需要花费 250 000 美元，但你有时间进行分批付款。这种方式更容易管理。

我们有一个奇怪的习惯，那就是将金钱划分成几部分来看待，而不是从整体上看待。我们应该从整体上看待自己的金钱状况，并了解这对于实现良好财务状况和财务自由而言意味着什么。第 10 章会详细介绍这方面的内容。

接下来，让我们深入剖析埃文斯基提出的各个"水桶"，看看它们如何在人生各个阶段发挥作用。

今天的金钱

这是工作/职业带来的金钱，也是你赖以生存的金钱，放在日常使用的银行账户中。你对这些钱最敏感，因为它的"流动性"最强——它经常会有收入和支出，比如，消费在眼下的事情上，用来支付生活中的各种账单。如果不对今天的金钱进行跟踪记录，你就很难弄清楚自己是把其中一部分钱攒了起来，还是把所有钱都花光了。

埃文斯基的理念认为，你在这个水桶中存入的金额要相当于两到三年收入的现金，这是因为该模型是为没有收入的退休人员创建的。对于仍在赚钱的人来说，更重要的是确保"今天的金钱"水桶中净值为正，或是能够支付你的正常开支。

我并不是说，水桶中净值每个月都需要为正或是有工资进账，因为每个人都会经历不可预见的事件。不过，大体上来看，你应该通过收入获得净收益，然后用这些收益来充盈另外两个水桶：明天的金钱和长远的金钱。

今天的金钱的意义在于，让你知道自己有足够的钱用于维持生计、支付账单，并且有足够的钱来追求未来财务目标。它应该像颗"定心丸"一样，让你高枕无忧。

明天的金钱

这是你也许会在两年到五年后需要的金钱——即使到那时，你可能实际上也用不到它。得益于这些钱，你开始有"时间"去度假、写书，有能力支付购房首付，还有底气从容地离职。

你应该将这些钱投资于追求更高收益的稳定资产，也就是那些能够真正为你赚到钱的资产，比如定期存款、会派息的股票、固定利息证券等。将明天的金钱放在一个专门的水桶中，你的大脑就开始形成这样一种思维方式：就像在雇用那家建筑商的一年期间逐步付款一样,你现在要用的钱和以后要用的钱可以随着时间的推移而整齐地被分配。

那天总会到来。可能是明天,可能是一年后,也可能几年后才会到来。但无论何时到来,"明天的金钱"为这一天做好了准备。

长远的金钱

这是大多数人最难理解的一个水桶。人类不喜欢考虑太过遥远的未来。不过关键在于,当你开始认真考虑长远资金的用途时,如果实际上你已经开始存入这笔资金了,那么你应该会为此感到欣慰。

长远的金钱包括超级年金和退休金储蓄、为子女或孙辈存下的钱、住房净值、股票投资组合。其实,这些金钱可能就是你会持有至少七年的所有资产。

在几个水桶中,这个桶最有可能偶尔会失去一些金钱,因为其中的金钱应该分配给成长型资产。这个水桶将会让你获得梦寐以求的财务自由,这说明在墨西哥渔夫的故事中,商人的话说对了一部分——如果你为未来做好盘算,你就能在需要财富时拥有财富。

借助水桶系统,你可以妥善安排金钱,以便利用金钱为自己赢得时间。金钱今天在你的手中,明天就可以为你服务,从长远来看还能实现增长。

能够看到金钱如何在不同时间为你服务，会让你产生《人格与社会心理学杂志》(*Journal of Personality and Social Psychology*)中描述的那种感觉——"个人生活（包括生活中的各种活动和习惯）是自己选择的，并且得到了自我认可"。

换句话说，这就是"财务自主权"。

对财务时间范围进行排序还有一个好处，即时间也能以另一种方式为你服务。我们接下来会讨论这一点。

反思
- 在你的生活中，金钱可以如何为你创造时间？
- 从墨西哥渔夫的故事中，你学到了什么？
- 通过采取哪些措施，你可以开始从时间推移的角度考虑金钱，并让自己获得财务自主权？

第 7 章

时间可以治愈一切

CHAPTER 7

第 7 章　时间可以治愈一切

> 最强大的两名战士就是时间和耐心。
>
> ——列夫·托尔斯泰（Leo Tolstoy），
> 《战争与和平》（War and Peace）

对于人类来说，时间是一种意义非凡的力量。它支配着我们的日常活动，提供了成就的衡量标准，也会破坏我们的耐心。正如第 6 章所讨论的，时间是财务自由可以带给你的最美好的东西之一。

时间在投资中也发挥着至关重要的作用。你会收到什么样的回报，正是由时间主导的。

然而，时间会让许多人感到不安。人们常说"一年转眼就过去了！"，无论你身处世界何地，无论你处于人生的哪个阶段，时间都在以固定速度流逝。

耐心并不是人类的显著特质。正如我们在第 1 章中了解到的，人类在心理上还没有适应延迟回报。

因此，在重塑思维方式以克服金钱可能带来的不利因素这方面，我们将会顺势进入下一步。我们必须弄清楚，什么东西可以让我们的思维接受延迟回报。

延迟回报与贴现

多大的回报会诱使你选择等待,而不是直接接受现在就能获得的东西?

我们先来谈谈古典经济学如何看待这个问题。古典经济学将其称为贴现:在必须等待的情况下,等待时长每增加一个时间单位,我们都会以固定百分比将未来回报"贴现"。这在本质上是指:举个简单的例子,如果某人的"贴现"率为20%,那么这个人应该会很乐意现在拿走100美元,一年后拿走120美元。此外,同一个人应该也会很乐意从现在起每年收到100美元,两年后收到120美元。这称为"指数贴现"。这种贴现方式假定你在今天对未来回报的贴现金额仅取决于必须等待的时间长度——贴现率是恒定的。经济学不会考虑此处还有"如果""但是""也许"等情况,甚至根本不会考虑我们生活的世界在这段时间内发生的变化。经济学采用的是线性思维方式。

这种观点是非常理性的。然而,正如我们所知,人类是非理性的,并且追求的是合理性、功能性和实用性。我们总是既考虑现在又考虑未来,所以在我们的"即时回报"思维中,这种线性贴现理念不是很有吸引力。大量研究佐证了这一点,这些研究表明人们做出的选择以及未来贴现回报是相当不理性的。事实上,等待时间越短,人们的贴现率就越高，这一点可能出人意料。

从本质上讲，如果可以今天拿到 100 美元，或者明天拿到 110 美元，那么人们很可能会在今天拿走 100 美元，何必要为了多拿 10 美元而多等一天呢？但如果可以在 30 天后收到 100 美元，或者在 31 天后收到 110 美元，那么你很可能会为了获得更大的回报而多等一天——"我可以再等一下，只是多等一天而已"。没错，我们愿意在一个月后多等一天。可是一个月过后，如果可以选择今天拿到 100 美元还是明天拿到 110 美元，大多数人还是会选择早一天拿到钱。

这种行为现象称为"双曲线贴现"，这是另一种普遍的心理偏见。

双曲线贴现表明，我们在短期内容易冲动，但长期来看却会表现出耐心。

最初提出这个术语的人是美国心理学家理查德·赫恩斯坦（Richard Herrnstein）。他的研究发现，人们对未来回报的贴现率会随延迟时间而以双曲线方式增加，如图 7.1 所示。

仔细想想，双曲线贴现说明了我们为什么如此容易掉进金钱陷阱里。我们对即时回报的偏好是人类多种冲动糅合在一起造成的。我们天生厌恶风险，天生缺乏耐心。

人类缺乏耐心的天性在很大程度上可以解释为什么零利率方案和先买后付等短期个人信用支付系统能够在财务上取得成功。今天打折促销的商品明天不一定仍然有货。毕竟，

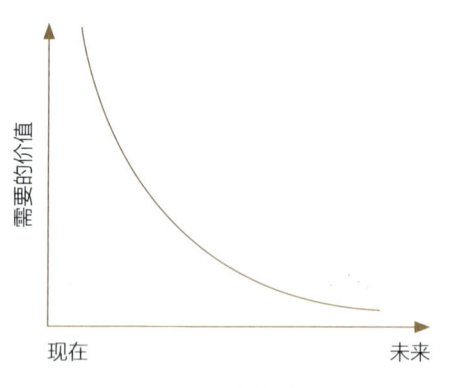

图 7.1 双曲线贴现

谁愿意因为等待而错失优惠价格呢？

还有一种从延迟回报的角度来看待双曲线贴现的方式，即我们在生理上适应了活在当下的状态，如果不得不经过等待才能获得额外的奖励，那这就完全违背了人的天性。然而，双曲线贴现也表明，对于能够带来回报的金钱，采取长远方法是有价值的——这种长远方法就是投资。

美国经济学家大卫·莱布森（David Laibson）运用了双曲线贴现这一概念来合理地说明，为什么我们能接受背负金额很大、利率很高的信用卡负债或个人贷款的同时，接受退休前的财富（超级年金）以较低的利率增长。

他的研究表明，在我们的思维中，退休是很遥远的事情。根据最近在莱布森的研究结果基础上进行的调查和研究，即便是那些接近退休年龄（将在五年内退休）的人，也认为退休是很遥远的事情。因此，我们很乐意获得较小的贴现回报，因为若非如此，这笔资金的回笼将遥遥无期，我们只能在遥远的未来才得以使用。

仔细想想，这一点相当耐人寻味。也许我需要改写一下之前那句话：人类天生在短期内缺乏耐心，但长期来看却是有耐心的。

从投资和财务自由的角度来看，这是一个非常令人兴奋的理念。它表明，我们会在某个时刻选择进行投资而不是获得即时回报。它还表明，我们认识到，如果我们有耐心，我们需要的未来回报就会变得切合实际。最重要的是，我们可以实现这些回报。

数学原理

让我们从投资、金钱和债务的角度研究一下时间，看看它们之间有何联系。

在投资界，人们常说：在市场中时间比时机更重要。

这句话精辟地指出，与试图把握市场时机的做法相比，长时间留在市场中可以更有效地积累财富。市场研究表明，投资的时间越长，通过复利回报获得的收益就越多。把握投资时机是指在你心目中的最佳时间买入或售出。这意味着在一些时期，你根本不在市场中。

高中数学课里最值得终生铭记的知识点，就是复利的力量。复利能够对你的财务状况和财务自由产生巨大的直接影响,这是任何其他概念都做不到的。

单利和复利之间的技术性区别在于:单利是根据投资本金计算的,而复利则是根据本金加上之前各期的累计利息来计算的。

公式(1)如下:

$$A = P(1+r/n)^{nt} \tag{1}$$

注:A = 最终金额,P = 本金金额,r = 利率,n = 每一期应用利息的次数,t = 经过的期数。

我知道,这个公式不会与你的思维产生共鸣,但复利图表可以做到这一点(图7.2)。

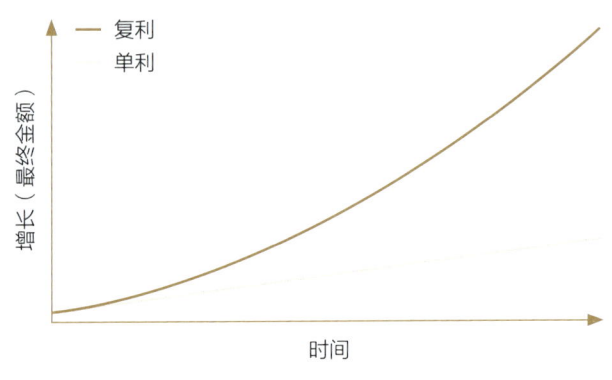

图 7.2 单利与复利

我们来看一个例子。假设你的初始投资为 10 000 美元（你可以选择任意金额，但显然初始投资金额越大，增长速度就越快），在接下来的几年里，除了这笔投资的年度回报之外，你不会追加任何投资——不再补入任何资金，也不取出任何资金。

我们假设年回报率为 5%。到第 10 年年底，复利将使你的投资增长到 16 289 美元；到第 30 年年底，投资将会增长到 43 219 美元（表 7.1）。

表 7.1 复利回报——10 000 美元投资 30 年，年回报率 5%

单位：美元

年数	年初本金	年终余额
1	10 000	10 500
2	10 500	11 025
3	11 025	11 576
10	15 513	16 289
20	25 270	26 534
30	41 163	43 221

继续研究同一个例子，我们可以在图 7.3 中看到：复利起初增长缓慢，但随着时间的推移，复利开始急剧加速，产生令人瞩目的结果。例如，到第 15 年为止的投资回报总金额为 10 789 美元，总余额是初始投资金额的两倍多；到第 30 年年底，你积累了 43 221 美元，投资总回报多达 33 221 美元，

比最初的 10 000 美元投资多了几倍——所有这些只需要耐心等待，让复利发挥作用。

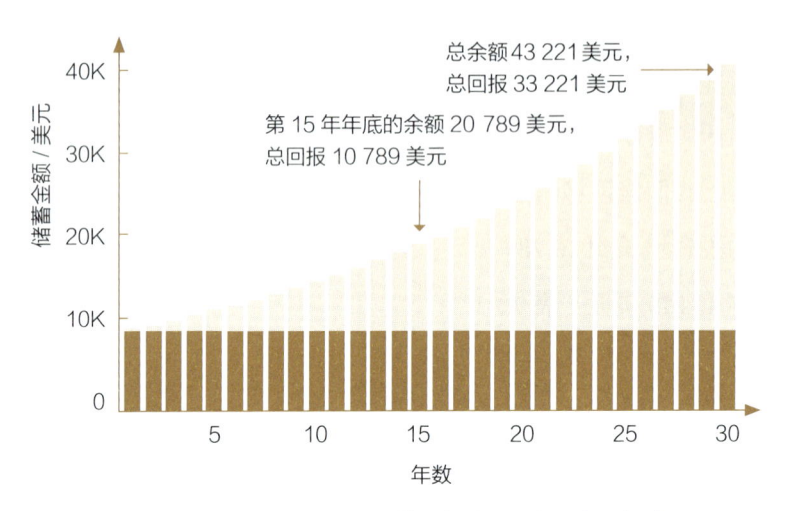

图 7.3　复利回报——10 000 美元投资 30 年，年回报率 5%

复利的价值是无可争辩的。阿尔伯特·爱因斯坦（Albert Einstein）将其誉为"世界第八大奇迹以及宇宙中最强大的力量"。

在投资方面，复利肯定会产生重大影响。世界上一些杰出的投资者利用它成就了一番伟业。沃伦·巴菲特就是推崇复利的投资者之一。图 7.4 是巴菲特一生中个人财富的图表。你会注意到，大部分增长都发生在他的后半生。巴菲特现在已经 90 多岁了，而他开始投资时才 14 岁。

第 7 章　时间可以治愈一切

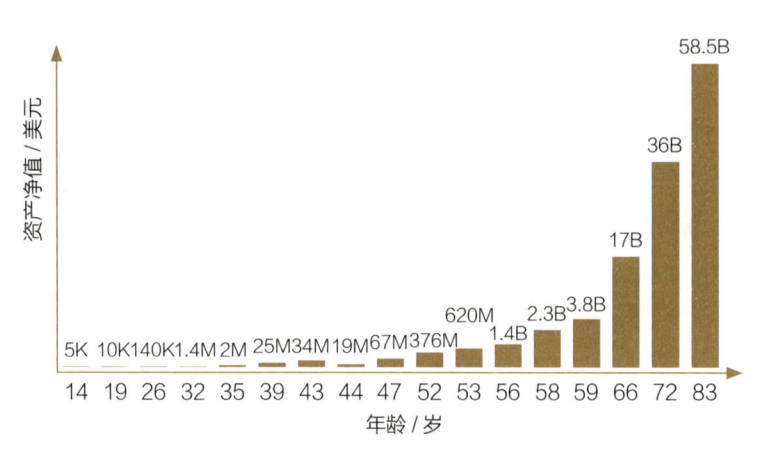

图 7.4　沃伦·巴菲特在不同年龄的财富

巴菲特在投资这件事情上成就卓著，因此成为有史以来被研究最多的金融界人物之一。他向世人传递的信息非常简单，而他的投资理念是成百上千万人试图复制的东西。

他的核心策略与理念是：你不应该关心别人认为市场会怎样，而是应该关注公司（股票）会怎样。谁也无法准确预测市场情况，但如果你一心关注公司取得的进步、其运作方式以及其在同行中的领先地位，就能够长期持股。事实已经一次又一次证明，这是一个非常成功的策略。

在此说明一下，巴菲特的投资属于机构投资，不属于普通投资者投资。尽管如此，巴菲特的投资公司——伯克希尔哈撒韦公司贯彻了巴菲特的投资方式，数以百万计的投资者因此而购买伯克希尔哈撒韦公司的股票。说实话，我也认为巴菲特是值得钦佩和学习的人。

但是，如果你崇拜像巴菲特这样的人，请务必当心。在第1章中，我们谈到了备受世人景仰的一些历史人物：柏拉图、牛顿、爱因斯坦等。这些人成就卓著，但他们属于凤毛麟角。巴菲特当然是值得钦佩、学习和效仿的人。但是，你的思维也可能会认为他所取得的成就对你来说是"不可能"的。谈谈复利在 30 年、40 年或是巴菲特近 80 年的投资生涯中带来的收益，固然是件挺好的事情，但实际上，谁会在这么长的时间范围内进行投资？由于延迟回报、金钱人格和心理偏见使然，人们会觉得这么长的时间范围相当于一辈子。

我们还应该注意，巴菲特在其职业、创业和投资生涯中所取得的成就，正是他想要实现的东西。这是他从 14 岁起就开始做的事情。这是他的目标，而且他已经实现了。

但是，巴菲特的目标很可能并不是你的目标，所以你不应该掉进比较的陷阱里。你可以研究他的投资思维、投资过程和投资策略，但是你应该将自己想要实现的目标与巴菲特取得的成就区分开来。因为你们是不一样的人，你们优先考虑的事项也不相同。

时间可以治愈一切

新手投资者往往不理解时间可以通过复利起到治愈作用，这是他们容易犯的最大错误之一。他们一旦遭受损失就

第 7 章 时间可以治愈一切

会变成惊弓之鸟，不给自己的投资留出时间来实现增长。

首先要注意：谈论股票和房地产等成长型资产时，我们通常会将"长期"视为 5 年以上。如果是 7 年以上，那就更好了。在我们接下来的讨论中，请记住这一点。

听我讲讲澳大利亚最倒霉投资者的故事吧。

2007 年 11 月 1 日，一位投资者决定买入标准普尔/ASX 200。这个市场看起来非常适合投资，过去 4 年上涨了 125%。因此，在等待多年之后，该投资者终于入市了。

转天该市场就下跌了。该投资者知道可能会发生这种情况，而且只是一天而已。在接下来的一个月里，该市场一跌再跌。到 2007 年年底，该投资者的这笔投资亏了 7.5%。

那时候，该投资者并不知道自己买了标准普尔/ASX 200 指数的历史高点，而全球金融危机已经开始。

该市场直到 2009 年 3 月 6 日才停止下跌，在该投资者初始投资后大约 15 个月触底。此时，初始投资的价值比 2007 年 11 月 1 日低了 54%（图 7.5）。

还要再过整整 11 年，该投资者的资本才能恢复到不赔不赚的水平（图 7.6）。

整整 11 年，资本毫无增长——这足以让任何投资者崩溃，即便是最优秀的投资者也不例外。很遗憾，大多数人注意到的都是这种情况，因为在亏损如此严重的情形下，注意力偏差等偏见和焦虑会影响投资者的情绪。

103

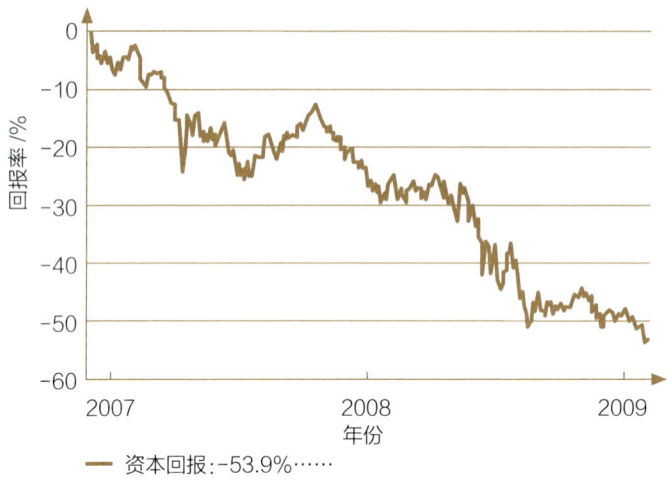

图 7.5　最倒霉的投资者（2007—2009）

来源：Refinitiv Datastream，InvestSMART。

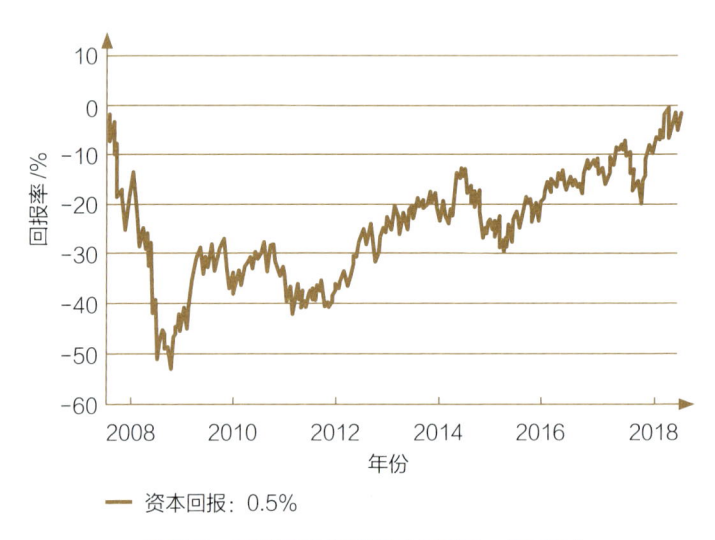

图 7.6　最倒霉的投资者（2007—2020）

来源：Refinitiv Datastream，InvestSMART。

然而，这种假设忽略了复利的基本数学原理。标准普尔/ASX 200是全球派息最高的发达市场。而且由于该投资者在这十二年中一直收到股息，并一直进行股息再投资以享受复利回报［这被称为总回报（资本和收益的总和）］，实际情况其实没那么可怕（图7.7）。

图7.7 最倒霉的投资者——时间可以治愈一切

来源：Refinitiv Datastream，InvestSMART。

一旦考虑到总回报，该投资者就不再是最倒霉的投资者了——只是比较倒霉而已。该投资者本来可以在2013年9月中旬收回初始投资，然后在2019年11月28日进一步获利72%。如果该投资者能等到这一天，从资本角度来看就是不赔不赚了。正因为如此，复利回报十分重要。也正因为如此，时间可以治愈一切。

随着时间的推移，即便是在市场最高点买入的最倒霉投资者，也可以受益于美妙的复利回报。这方面的例子数不胜数，而且并不仅限于澳大利亚市场，世界上的每个发达市场都有这类例子。

这时你需要问自己几个问题：你能否消化最初的损失？对于复合增长最终会弥补最初的下跌一事，你的理性理解是否会被损失规避偏见压制？

同样，即便是最老练的投资者，也会感受到市场波动带来的痛苦。在这种情况下，你不会是唯一一个对个人财务状况持消极看法的人。

你可以运用一些策略和习惯来解决这个问题，接下来的章节将会讨论这一点。但目前而言，你要明白当进行投资时，时间会对你有利。

债务：复利对你不利的情况

当你进行投资时，随着时间的推移而产生的复利会对你有利；但是当你进行借贷时，复利却会对你不利。

长期债务的一个典型例子是住房贷款。假设你借了500 000美元买房，利率为2.24%（2022年年初的平均利率），还款期限为25年。如果一直按贷方规定的最低还款额进行还款，那么最终还款总金额将是 668 400 美元，其中包括 168 400 美元的利息，相当于借款金额的 33%。

这个百分比如此之高，是因为在涉及债务的情况下，复利的力量会对贷方有利。要想让情况变得对你有利，唯一可行的方法是让偿还的金额高于最低还款金额，以削弱复利的影响。

以下做法可以作为参考：以上文中的 500 000 美元贷款为例，如果你每天额外偿还 5 美元，那么利息总金额可以减少 15 400 美元。

房产的好处在于，你的住房很可能会在这 25 年的时间内升值。房地产和任何市场一样，也会出现低迷期。但随着时间的推移，房产会升值，因此利息成本是值得的。

如果你要办理个人贷款或是其他债务方案，那么用这笔债务购买的资产很可能就会是贬值的资产。这意味着购买价格会由于债务融资而显著增加，而且在你最终还清债务之后，所购资产的价值很可能为零，或是非常接近零。在通过债务融资来购买会贬值的商品之前，你应该问问自己：这值得吗？

复利可以对你有利，也可以对你不利。在涉及债务的情况下，你需要明智地使用它。复利可以成为强大的工具，但如果使用不当，则可能会给你造成伤害。

为什么一些人比其他人更乐意利用时间？

文化等因素对于我们利用时间的意愿有何影响？传统经济学观点认为人类行为是理性的，他们没有考虑到文化差异——世界上不同文化之间在个人思维方式或集体思维方式上的差异。我们现在知道这个问题需要更多调查，因为理性并非我们唯一的决策方式。

2016年的一项研究考察了来自53个不同国家或地区的投资者的耐心。这项研究要求参与者在以下两者中做出选择：要么在本月收到3 400美元，要么等到下月收到3 800美元。参与调查的日耳曼裔/北欧裔受访者最有可能选择等待未来更高的回报，其中85%的人选择等待；相比之下，非洲裔受访者中选择等待的比例最低，只有33%。

按国籍对调查结果进行细分，我们可以看到51%的澳大利亚人选择了"等待"选项，因此澳大利亚在最缺乏耐心的国家或地区中排在第12位；德国人最有耐心，89%的受访者准备等待；尼日利亚人最缺乏耐心，只有不到8%的人愿意等待。该研究表明，与急躁、短期满足和短期价值有关的个人偏见可能会受我们的文化影响。这可能是生活经历、教育、家教、社会经济地位以及会影响我们金钱观的所有其他因素共同作用的结果。

理解你与金钱的关系，你的文化至关重要。你与家人、家族、邻居、同辈人、同事等人的关系和互动方式不仅取决于你的认知偏见和情感偏见,还取决于你的文化如何定义这些关系。金钱在这方面发挥着重要作用。这就是下一章将会探讨的内容。

反思

- 贴现这一概念与你自己的金钱观和金钱行为有什么关系?
- 你可以从最倒霉投资者的故事中吸取什么教训?
- 对于澳大利亚人在投资耐心方面的排名,你是否感到惊讶?如果你来自拥有其他文化的国家和地区,你如何利用这些信息来更好地了解自己与耐心的关系?

第 8 章

金钱文化

CHAPTER 8

第8章 金钱文化

> 世界之美在于人类的多样性。
>
> ——无名氏

行为金融学中发展最迅速的领域之一是文化金融学。这门学科很年轻，很精彩，也充满了争议。

传统的经济和金融思想认为，世界各地的所有人都以相似的方式看待个人财务目标。结论是：人们可以通过一种放之四海而皆准的方法来处理长期财务问题。

你刚一读完这句话，就会本能地知道它是错误的了。你会从自己的文化中了解到，即使针对某个特定的文化，一刀切的做法也是行不通的，更不用说世界各地有成千上万种文化了。

我们还知道，文化会对我们的观点、观念和人际关系产生巨大影响。想想这些方面，你就会意识到自己的金钱文化行为涉及其中的每个方面。

我们来考虑一些例子。根据统计数据，中国的家庭储蓄率高于其他国家或地区。在用于研究的条件下，学者们找不出这一现象的真正成因。但是，如果从文化角度来看，有人认为独生子女政策意味着家庭抚养子女所需的金钱更少，但在以后的生活中需要更多金钱，因为退休后可以依靠的子女数量会变少。这可能就是刺激家庭储蓄的原因。

德国有句文化谚语：geld stinkt nicht（现金不会沉没）。众所周知，德国人会大量使用实物现金。欧洲中央银行等机构的多项研究发现，德国人用现金付款购买日常用品的可能性是其欧洲邻国的两倍多。此外，德国人办理信用卡和个人债务的比例也是欧洲最低的。文化金融学对于这种行为的解释是：魏玛共和国时期发生过恶性通货膨胀，并由此引发了社会动荡，这段历史烙印在了德国人的集体记忆中。

在印度，黄金具有重要的象征意义，拥有大量黄金是财富和成功的体现。黄金在许多传统仪式和送礼活动中处于核心地位。因此，印度对于黄金资产的需求量通常是最大的，这些黄金资产既包括实物，也包括纸质合约（实物黄金的ETF）。在黄金的需求量和吸引力方面，只有中国可以与印度匹敌。

定义文化

首先，我要说一句：我们确实无法采用单一方法来定义文化，这正是文化的美妙之处。文化是多元的、自由流动的，也是不断变化的。它同时兼具传统性和进步性、包容性和排他性、本土性和国际性。

但是，很多人都进行过这方面的尝试，那么让我们从文化心理学的奠基人之一——荷兰社会学家吉尔特·霍夫斯泰德（Geert Hofstede）说起。

霍夫斯泰德将文化定义为"思维中的集体性心理程序，体现在价值观和规范中，也体现在仪式和符号中"。这个高层次定义大意是：我们会根据一系列社会和文化线索及规范进行互动、做出决策并形成行为偏见。

霍夫斯泰德根据他进行的研究，提出了六个文化维度。我敢说你会认出其中的大多数维度（图8.1）。他的工作成果早已闻名于世，已经渗透到了各地人们的通用思维方式中了。

图8.1 霍夫斯泰德提出的六个文化维度

来源：吉尔特·霍夫斯泰德，2011年，《文化维度划分：具体环境下的霍夫斯泰德模型》(*Dimensionalizing Cultures: The Hofstede Model in Context*)，《心理学与文化领域线上读物》(*Online Readings in Psychology and Culture*)，第2卷第1期。

为了清楚起见，下面列出了霍夫斯泰德对于各个维度的定义。

- 权力距离

高：强烈依附于某种等级秩序，每个人在这种等级秩序中都有自己的位置，不需要进一步的理由。

低：人们努力实现平等的权力分配。如果出现了权力的不平等，他们会要求给出合理的理由。

- 放纵与克制

放纵：允许相对自由地满足人类与生俱来的基本驱动力——享受生活和享受乐趣。

克制：抑制需求满足。通过严格的社会规范来约束这些需求。

- 长期导向与短期导向

长期导向：务实，提倡节俭。将现代教育视为为未来做准备的一种方式。

短期导向：希望保持历史悠久的传统和规范。以怀疑的眼光看待社会变革。

- 男性气质与女性气质

男性气质：社会偏好具有成就、魄力、英雄主义以及成功带来的物质回报等成功者特征。

女性气质：社会偏好具有合作、谦逊、关爱弱者和生活质量等特征。

- 不确定性规避

高：社会中存在严格的观念准则和行为准则，难以容忍非正统的行为和理念。

低：在实践比原则更重要的情况下，对这类行为和行为准则持更愿接纳、更加宽松的态度。

- 个人主义与集体主义

个人主义：偏好松散的社会框架。

集体主义：偏好紧密的社会框架。

六个维度介于各自相反的两点之间，可以用滑动条量表来表示。它们还相互关联并存在交叉。例如，个人主义、对不确定性的容忍以及男性气质这三者的理念是联系在一起的，女性气质、集体主义和克制也是如此。

这么多年来，这个维度框架一直被用于按地理区域对不同的社会进行分组。例如，将集体主义社会定义为东亚地区的典型特色，在该地区，个人身份被视为更大社会群体的一部分。这与西欧、澳大利亚或美国等个人主义社会形成了鲜明对比。在后者这些地区，个人的价值观和成就比更大社会群体的价值观和成就更重要。

但是，这种宽泛的分组方式过于简单化。某些欧洲文化更符合集体主义而不是个人主义，而亚洲也存在一些更崇尚个人主义而不是集体主义的地区。

这再次说明了为什么"金钱文化"这一概念会引起争

议，但它确实提出了一些令人着迷、有待探索的金钱行为趋势。为此，我们回过头探讨一下已经讨论过的行为偏见——损失规避。但这一次，我们将损失规避与文化维度放在一起考虑。

损失规避

在 2010 年的一项研究中，德国行为金融学专家托斯腾·汉斯（Thorsten Hens）博士、王媚博士和马克·奥利弗·里格（Marc Oliver Rieger）博士考察了 53 个国家或地区近 7 000 位投资者的风险和行为偏见。他们发现，个人主义、权力距离和男性气质等文化维度与损失规避显著相关。

这是有道理的，因为个人主义文化在更大程度上与倡导自我提升和独立的理念联系在一起。也就是说，人们（投资者）更加看重和关心与自己相关的标的（他们的投资），而这个标的（投资）的损失被视为有损个人名声。

将这些人与那些来自集体主义文化的人进行对比，我们会发现后者倾向于采用整体观点来看待单一标的（他们的投资），因此他们对于损失具有更强的应对能力。此外，"集体社会"也更有可能为遭受损失的个人提供支持，从而让这些投资者对损失不那么敏感。

我觉得上述观点非常耐人寻味，因为它触及了金钱文化的核心。你可以看一看地中海文化是如何使用"家族"内部金钱的。这里所说的家族是指整个大家庭,包括"堂(表)兄弟姊妹的堂(表)兄弟姊妹"。家族成员集资构筑资金池,用来帮助家族共同体中的所有人。

买房需要首付?家族会提供首付;需要装修刚才说的房子?家族会共同努力,每位成员都会发挥自己的行业专长来贡献一分力量,从而保证以低成本为家族带来高回报。想要创业?家族会提供所需的经济支持。

以上方式不限于地中海文化,阿拉伯文化和亚洲文化也存在类似的运作方式。

这一理念还有另一个版本,来自拉丁美洲和加勒比地区,被称为"Tanda"。这是一种特定社区内的合作银行系统。

简而言之,它是这样运作的:一群人(家族、村庄、社区)中的每个人都在指定的日子(往往是发薪日,或是日历月的第一天)将商定的金额存入集体资金池中。然后,采用轮流制来支出资金。在第一轮中,集体中的一位成员会收到支出款项;在第二轮中,下一位成员会收到支出款项。依此类推,直到集体中的所有成员都轮到为止。这个系统不会产生任何利息,但它是一个储蓄池,每个人都知道自己将来可以从中取钱。

还有一些国家和地区也存在与 Tanda 类似的概念。这说明了集体文化可以对每个人与金钱的关系产生怎样的积极影响。

这与西方文化形成了鲜明对比：西方文化是以小家庭为中心的，在过去几十年里，人们只需要去"父母银行"[1]。对于个人主义者来说，他们对整个家族共享财富的概念是非常陌生的。

这就又回到了损失规避对个人主义文化的影响。在个人主义文化中，资金池比较小，因为其中只有小家庭的资金。因此，损失会带来更强烈的感受，因为家庭财务状况会受到更大的影响。

权力距离

接下来，我们深入探讨一下另一个文化维度——权力距离。霍夫斯泰德将权力距离作为一种指数来衡量，其范围为0到100。权力距离越大，社会就越是等级森严，也越不欢迎雷厉风行和感情用事的做法。

从文化金融的角度来看，如果不平等程度较高（即权力距离较大），那么普通个人更有可能对损失感到无助。因此，一种文化中的权力距离越大，该文化中人们的损失规避程度可能就越高。

---

[1] 本意指从父母那里拿钱，后指一些可以得到钱的地方。——编者注

图 8.2 显示了基于权力距离的投资者损失规避的差异。在具有高度等级化秩序的国家，人们更有可能在遇到损失时表现出问题，并且更容易受到现金和财富损失的影响。

文化中有一个非常耐人寻味的地方，那就是人们在遭受损失后采取的行为。在第 3 章中，我介绍了卡尼曼和特沃斯基的一项研究，该研究发现人们会选择保证获得 900 美元，而不会选择有 90% 的机会获得 1 000 美元也有 10% 的可能一无所获。本章前面提到的汉斯、王媚和里格的研究发现，在所有文化中，人们在亏损钱财后去冒更大风险的倾向很高。换句话说，在为了"扳平"亏损而采取的做法方面，不同文化之间并不存在统计学上的差异，因为在该研究调查的每种文化中，人们都会选择为此去冒险，并且会试图通过去冒更大风险来弥补损失。研究人员提出了"扳平症"这一术语。

"扳平症"是指为规避既定亏损而投入更多钱去冒险的倾向。以下是不同国家或地区在这方面的差异结果（图 8.3）。

投资者围绕损失做出的行为存在普遍联系：如果可以完全避免损失，我们就会愿意为实现这一目标而去冒更高的风险。这是一个不幸的特质，因为如果像赌徒一样想要翻本，更有可能以更高的亏损而告终。这是我们所有人都需要注意的事情，因为这是普遍存在的行为和文化偏见。

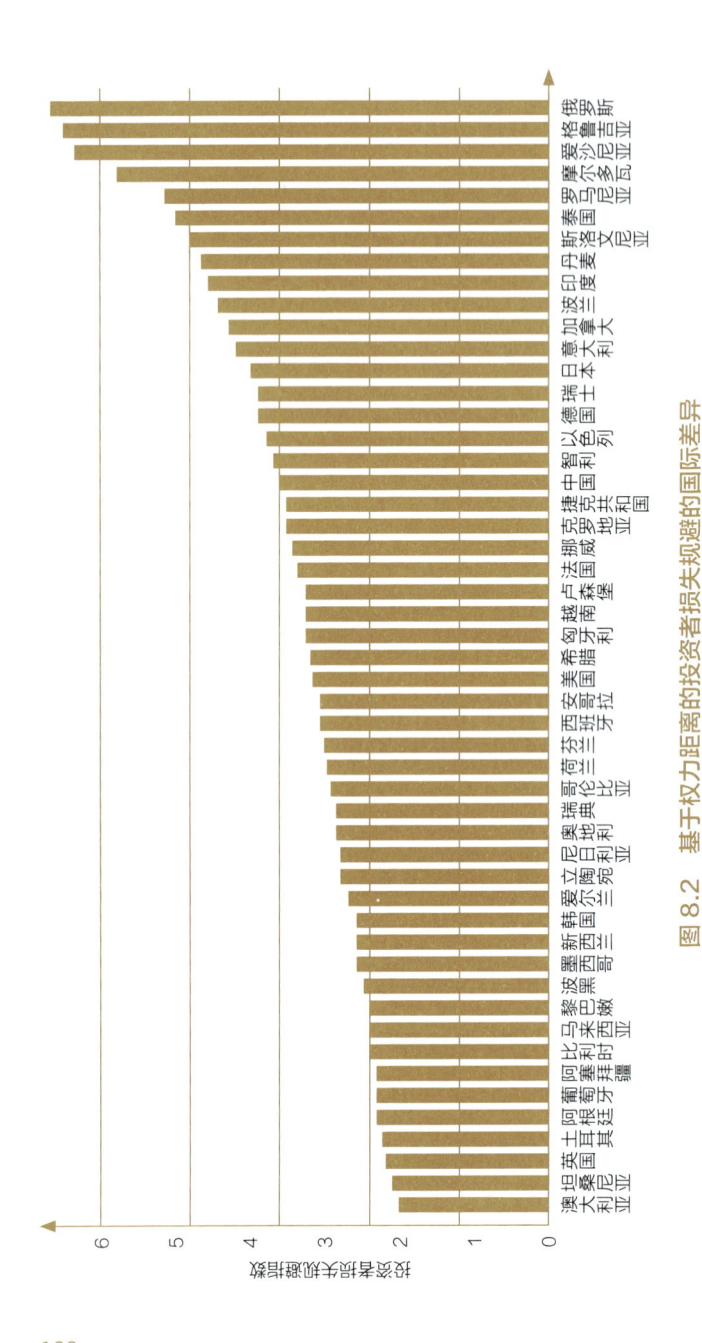

图 8.2 基于权力距离的投资者损失规避的国际差异

来源：托斯腾·汉斯（Thorsten Hens）博士和安娜·米尔（Anna Meier）, 2016 年,《行为金融学：投资心理》（*Behavioral finance: The psychology of investing*），瑞士信贷。

第 8 章 金钱文化

图 8.3 为规避既定亏损而投入更多钱去冒险的倾向的国际差异

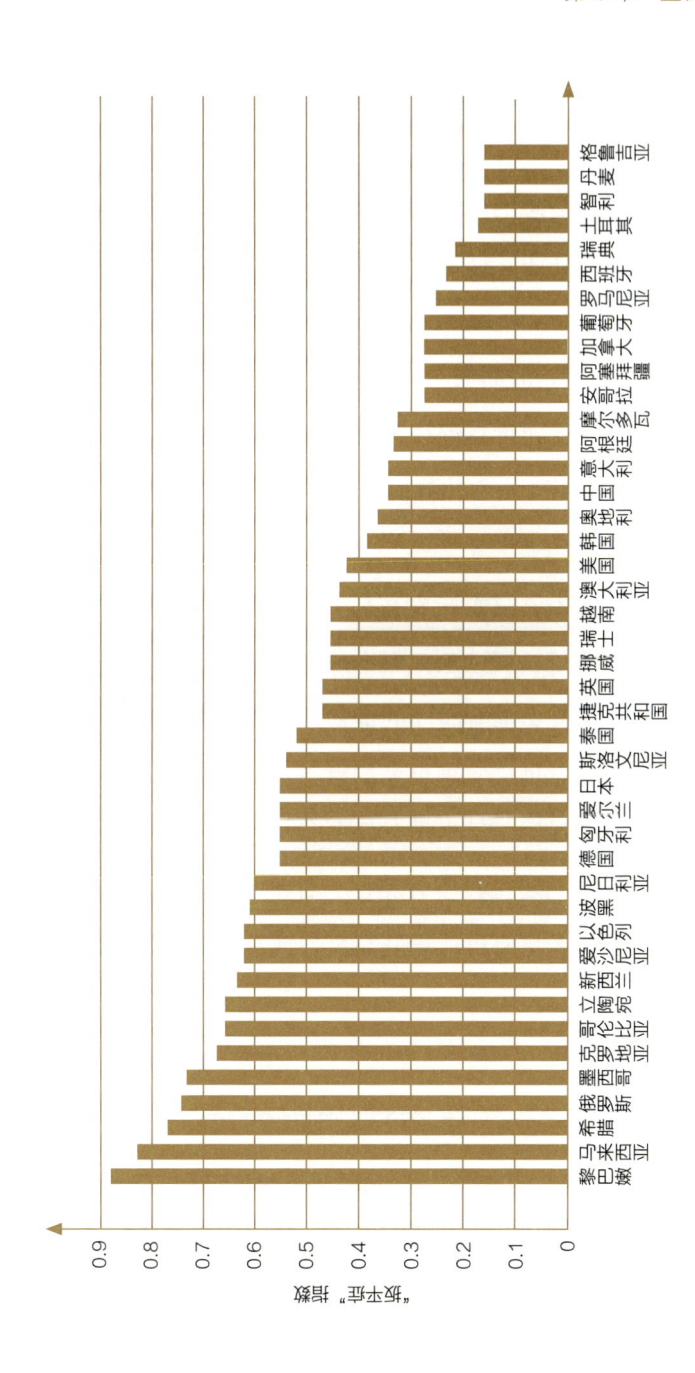

来源：托斯腾·汉斯（Thorsten Hens）博士和安娜·米尔（Anna Meier），2016 年，《行为金融学：投资心理》(*Behavioral finance: The psychology of investing*)，瑞士信贷。

不确定性规避

还有一个很有意思的文化维度有待更深入地探索，那就是不确定性规避（UA）。这是社会对不确定性和模糊性的容忍度的衡量标准。

UA 会影响人们对时间的看法。为什么呢？那些 UA 得分较高的文化对于不确定的情况往往容忍度较低。由于未来是不可预测的，因此高 UA 文化倾向于偏好即时回报而不是未来回报。

从金钱角度来看，这意味着在高 UA 文化中，人们更喜欢股息或存款收益等投资选项，而不是等待总回报等未来回报。但正如我们所知，随着时间的推移，投资和多元化资金配置的优势可能会帮助你实现更大的财务自由。例如，这可以解释以下现象的成因：日本投资者更有可能投资债券和固定收益证券，因为与美国投资者相比，日本投资者的 UA 评分很高；美国投资者更有可能投资高风险证券，因为他们的 UA 评分较低。

你自己的金钱文化家教

当然，除我们居住的国家或地区的文化影响外，我们各自家庭中的文化也会影响我们的金钱身份和金钱行为。

每个家庭的文化各不相同。在家庭文化中，你会发现大家会以多种方式谈钱、用钱和存钱。

为了进一步解释这一点，我要讲讲我母亲的投资之路。

在我的成长过程中，我们一家从不谈钱。我知道父母有一些钱，但他们从未谈过这些钱用来做什么，即他们如何使用和花费这些钱。这段经历不必多说。

在我小时候，这没什么问题，直到父亲失去了工作，失去了患心脏病的兄弟，自己也病倒了。这场变故让他住了3个多月的医院。当时我16岁，而妹妹快13岁了，我们无法完全理解当时发生了多大的变故。资金吃紧，父母就会减少花销开支，平时生活仍然表现得若无其事。在他们看来，不让自身变故影响到我和妹妹是他们的使命。

在这段时期内，我家仍然自始至终都没有谈过钱。在我们的家庭文化中，金钱压力不应给孩子造成负担。这是完全可以理解的。实际上，我们当然会受到影响。那场变故改变了我与金钱的关系。这也许可以解释、为什么我在年轻时没有债务、为什么我只花自己已有的钱，以及为什么储蓄对我来说很重要。

就我父母的情况而言，有一点非常奇怪，那就是我母亲的成长环境中的文化与我家基本相同：从不谈钱。节俭地生活，勤奋地工作，努力把钱赚到手并享受自己赚到的钱，这就是他们家的文化。但是，不同之处在于我外祖父的理财能力。

第 2 章中简要介绍过我外祖父,他是一位了不起的散户投资者。他在 20 世纪 70 年代买入了力拓(Rio Tinto)和必拓(BHP);1994 年通过首次公开募股(IPO)买入了 CBA 和 CSL;通过整个 20 世纪 90 年代的所有三批 IPO 配售买入了澳大利亚电信(Telstra)。他非常喜欢沃尔沃斯(Woolworths)和西农集团(Wesfarmers)股票,以至于每年都一定会购买这两家公司的邮购产品。

他通过购买 ETF、混合型债券和大量公司债券获得主权固定收益。除此之外,他还始终持有至少两笔定期存款。这样一来,就连他手中的现金也在为他服务。他将定期存款视为今天的金钱,将其他一切资产视为明天的金钱和长远的金钱。

他是在 2017 年倒数第二天去世的,享年 93 岁。那时他持有 25 家公司的股份,其中包括澳大利亚一些最受信赖的公司,还有若干后起之秀。他的资产非常多元化,涵盖了各个类别,而且他的投资组合最后基本上都能带来良好收益。我们叫他"格兰比"(Grampie)。

格兰比的理财之路要点在于:

- 他进行的是长期投资。
- 他用自己在大半职业生涯中赚到的钱进行再投资,然

第 8 章 金钱文化

后在晚年提取投资收益。
- 凡是他认为可以让自己的资本增值的事情,他都会参与。
- 每笔现金都在为他"服务",即投资于可以带来回报的东西。

不用说,格兰比的投资组合是这个家庭中的传奇。第一次知道格兰比的投资习惯时,我对此非常着迷。我喜欢看着他研究自己的投资组合,并阅读报纸的商业板块,查看其中列出的昨日个股股价,以便了解自己的投资组合表现如何。我们会谈论所有这些信息,一谈就是几个小时,他会告诉我他进行了哪些操作,还有他如何以及为何进行这些操作。通过这些聊天,我迅速学到了大量知识,这个学习过程胜过我拿到的任何学位。

当我长大后开始以投资为职业,格兰比经常打电话向我寻求"投资建议"。

我会回答:"我觉得您说反了,是我需要您的建议。"

我十分想念他,当我坐在这里撰写本书时,我会想起我为什么热爱自己所做的事情、为什么去做这件事情,以及为什么投身于这一行。我是非常幸运的,因为我所处的文化环境帮助我找到了财务自由。

我发现了一件非常耐人寻味的事情,那就是格兰比的四个子女全都没有继承这种文化。也许是因为他们没有讨论过金钱或个人财务，也许是因为他们自己小家庭的文化对于讨论投资之类的话题比较排斥。我永远不会知晓其中的原因。但我可以这么说：格兰比从未敦促他的孩子进行投资，我认为他在这件事上做错了。

因此，让母亲开始投资这件事落在了我身上。我从记事起就一直在敦促母亲进行投资，甚至在进入这一行之前也在这么做。

她有很多借口："哎呀，我不懂啊"（是的，我告诉她我会提供帮助），"我没时间"，"我的钱不够"，"我可亏不起钱"。

每个借口都会伴随着一些说辞，比如"如果我当初跟着爸爸开始做就好了"，或者"我几年前就向你父亲提议该这么做"。我总会这么回答："那么，您为什么不去做呢？"然后，我们会回到"我不懂"和"我没时间"，陷入这样一个循环。

我能感觉到，母亲的内心有些犹豫。她的家庭文化中不会谈论金钱、财富或投资，我认为这增强了她的抵触心理，导致她不愿踏上投资之路。

后来，新冠疫情暴发了，我们当中大多数人的职业生涯和收入来源都因此受到了影响，她也不例外。新冠疫情带来的"大重启"终于迫使她直面自己的偏见和金钱人格，也让她意识到自己需要做些不一样的事情。然后，她发消息给我：

"帮助我开始吧,我再也不能拖下去了。"这是她一字不差的原话。

虽然我不会透露母亲的年龄或其他个人人口统计特征,但我可以这么说:处在这个年龄,她希望自己的金钱能够不断增值,但也知道自己在不远的将来(5 到 10 年内)会需要开始动用这些钱。她每月可以拿出 500 美元进行初始投资以收获复利回报。她还希望投资过程和投资项目比较简单,因为她没时间像格兰比那样仔细阅读报纸并研究哪些股票或市场值得投资。

因此,她决定投资与指数关联的 ETF,这是所有资产类别中比较简单的一类,有利于实现增长,附带的供款计划也比较简单。

她开心极了。她说这个过程挺简单的,而且真正开始投资之后,她不敢相信曾经给自己设置了那么多障碍。事实上,她以前总是思来想去、一拖再拖,但投资之路走上正轨之后,她自己更加有安全感了。

母亲说:"如果你早点催我这么做就好了。"

我说:"妈妈,我一直在跟您说这件事,已经说了超过 17 年啦。"

母亲的决定说明,无论什么时候开始都不算太晚。我知道,格兰比如果知道母亲经过这么多年后终于开始投资了,也会非常高兴。但是,我洞察到的最重要的一点是:我们家的文化显然构成了障碍,这种行为偏见导致母亲一直在等待,但其实根本不需要等那么久。

因此,文化对于自己的金钱和财务自由至关重要。本章所讨论的只是文化金融学的冰山一角。这一领域将在未来几年中有越来越多的研究。许多问题仍然有待回答,例如,全球化进程以及跨地理区域的人群融合,是否会重塑金钱文化习惯?人们是否往往会保留其生长环境中的文化?各种文化能否接纳所谓的对立文化表现出的更有帮助的金钱行为?时间会证明一切。

从个人财务的角度来看,当你欣然接纳与金钱有关的不同文化理念后,你追求财务自由的步伐可能会加快。

要清楚,不要让金钱定义你,但很可惜,社会和文化有时确实如此。这种肤浅性与各种各样的问题有关,但在大多数文化中也是一种根深蒂固的社会规范,这是无法逃避的事实。我们所有人应该都希望改变金钱与行为、判断力与羞耻感之间的冲突。由此提出的问题是:首先应该改变谁呢?社会还是自己?虽然我想说是"社会",但社会可能是不受个人掌控的。更容易的做法是从个人层面做起,将希望这个世界发生的变化落实在你自己身上。在个人层面上,你有能力控制自己的命运。而且,你可以获得的帮助也更有可能在个人层面而不是社会层面为你量身定制。哪怕只有一个人能够让自己的财务状况稍有改善,然后将自己收获的经验传给下一代，我们看到的与金钱使用方式有关的变化也可以由此得到传播。

> **反思**
> - 你能否找出自己的文化在金钱与投资方面存在哪些障碍和约束？
> - 其他文化中的哪些特质可能会对你和你所在的社会群体有益？
> - 对于你与金钱和投资的关系，以及你对金钱和投资的开放性和适应性，你的家庭文化对你有所帮助还是有所妨碍？

第 9 章

爱上可怕的丑陋事物

CHAPTER 9

第 9 章　爱上可怕的丑陋事物

> 恐惧会支配人类的行动,这种支配力十分惊人,远甚于历史证据的分量。
>
> ——杰里米·西格尔(Jeremy Siegel)

人人都喜欢美丽的事物。19 世纪的英国诗人约翰·济慈(John Keats)曾经说过:"美丽的事物永远令人欢喜。"这不仅仅是浪漫主义诗人的看法。史蒂夫·乔布斯(Steve Jobs)将"简而美"设定为苹果公司产品设计的核心。科学家也证明,人类会自然而然地被美丽的事物而不是丑陋吓人的事物吸引。

在过去十年中,多项大脑扫描研究发现了一个值得人们注意的事实:哪怕仅仅看到令人喜爱的产品,也会触发人的运动皮层,即大脑中控制手部动作的部分。换句话说,我们会本能地将手伸向令人喜爱的东西。

这不是现代才有的现象,人类的这种行为表现已有数千年之久。古代哲学家描述了黄金矩形,这一现象多年来让众多数学家和艺术家惊叹不已。黄金矩形的边长呈特定的"黄金比例"。从一个黄金矩形中减去一个正方形,剩下的部分又是一个黄金矩形,再这样操作一次,再次获得了一个新的黄金矩形，由此可以画出一条无限延伸的螺旋线（图9.1）。

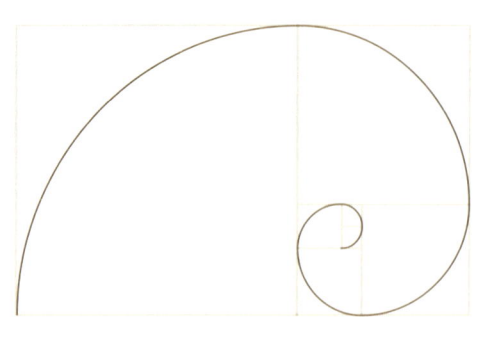

图 9.1　黄金矩形

图 9.2 说明了黄金矩形的数学原理。一看到这张图，你就能意识到它在日常事物中很常见。想想电视屏幕、笔记本电脑屏幕、信用卡和纸钞的形状（尽管纸钞如今已经不多见了）。没错，现金会让你在潜意识中感到愉悦。

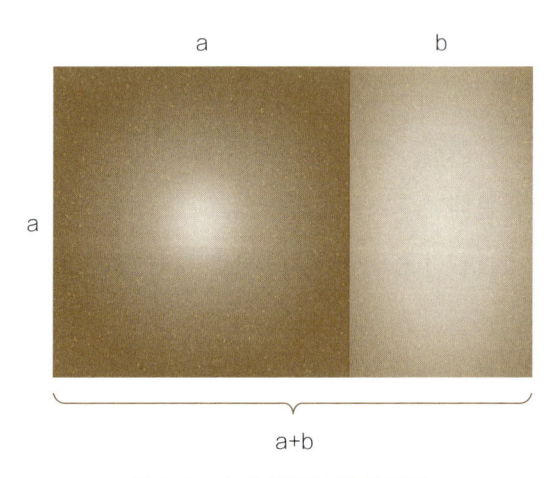

图 9.2　黄金矩形的数学原理

第 9 章 爱上可怕的丑陋事物

从吉萨金字塔到帕台农神庙、巴黎圣母院和泰姬陵，许多建筑物中都运用了黄金矩形。如果将蒙娜丽莎的脸和米开朗基罗的《创造亚当》(Creation of Adam)并排放在一起来看，我们也可以看到黄金矩形。

结论是：我们的思维会本能地被那些带给人审美愉悦感的事物所吸引。

害怕丑陋事物

反过来，研究证明我们害怕丑陋事物。人们看到令人喜爱的东西时，大脑的运动皮层会被激活，人们会本能地将手伸向这些东西；恐惧则会激活大脑的另一个部位——杏仁核。杏仁核的主要功能是触发神经系统，然后神经系统会通过释放激素来引发身体的恐惧反应。皮质醇和肾上腺素开始飙升，会导致血压升高、心率加快和呼吸频率加快。

同时，体内的血液流动方向会发生变化，从心脏和肝脏等重要器官向四肢转移，因为你可能已经开始大力挥拳或是像博尔特一样飞奔起来躲避丑陋事物了。

每个人对恐惧的反应都略有不同，这一点很重要。一些人以恐惧为乐，例如蹦极者、自由攀爬者、恐怖电影迷——恐惧会让这些人兴奋不已。对于另一些人来说，最糟糕的事情莫过于受到惊吓。恐惧从头到尾都是非常可怕的体验，这种反应会导致人们的高度回避。

恐惧非常有意思的地方在于，人体对恐惧的反应也包括释放有"快乐激素"之称的多巴胺。生理学家指出，这可以解释为什么一些人会因恐惧而感到兴奋，而另一些人则不会这样。直到近些年，我们才真正理解多巴胺还有助于减轻因负面刺激而感到的疼痛和恐惧。

无论你属于哪一类人，导致恐惧的生理学现象都是为了确保你的安全，这是一种天生的生物学功能。

但是，从心理学角度来看，如果不能以正确的方式对待恐惧并加以控制，那么恐惧可能会造成问题。正如我刚才提到的，恐惧会引起身体上的反应。恐惧发生时，人的血液供应会转移到负责肉体逃生的身体部位，脑部血液供应相对会减少，特别是大脑皮层，它是负责推理和判断等高级神经活动的部位。脑供血减少会导致我们难以做出合理的决策，或是难以在害怕时清楚地思考。这可以解释为什么你在观看恐怖电影时可能无法控制自己的尖叫，或是伴侣出其不意地对你比画开枪动作时你会抬起双手来保护自己。在这两种情况下，你都无法找出合理的理由来说服自己相信这不是真正的威胁。

世界上有极少数的人能够在生理基础上实现恐惧和吸引力的结合。他们当中的一个人就是攀爬高手亚历克斯·霍诺德（Alex Honnold）。他成功以自由攀爬（没有绳索或安全护具）的方式攀上了优胜美地国家公园（Yosemite National Park）的酋长岩。酋长岩直上直下的峭壁高达975米。霍诺德将酋长岩称为地球上最震撼人心的岩壁。凭借出色的技巧，加上强大的心理素质，他能够以同样的方式驾驭恐惧和吸引力，从而成为历史上第一个成功自由攀爬酋长岩的人。他概括，外在行为的关键在于内心状态。

恐惧和吸引力这两者在身体机能方面存在一定的竞争，要想处理好这种竞争，人们就需要利用自己内心的情绪加以控制。这说起来容易做起来难，因为我们对恐惧的反应是无穷无尽且因人而异的。没有任何一种情绪技巧对所有人都适用。

现在，对于恐惧和吸引力会如何影响身体反应和情绪反应，我们有了更深入的了解。接下来，我们看看恐惧和吸引力在投资与理财领域发挥着怎样的作用。

将丑小鸭变成白天鹅

投资项目经常以"丑小鸭"的面貌示人。我的意思是说，投资市场中每日、每周和每月的变动看起来可能会让人觉得"丑陋"。还记得那个童话故事吗？丑小鸭最终成长为美丽的白天鹅。我们来看看这种转变。

让投资成本和回报更具吸引力的方法之一是计算平均值，而不是去关注短期波动。请考虑来自金钱世界的一些常

◆ 一口吞掉大象的理财通识

见统计数据：

- 还款年利率是借款金额的 2.5%。
- 储蓄账户年回报率为 1.05%。
- 投资组合的平均年回报率为 9.8%。

如果将其中一些实例变成图表形式（图 9.3），我们就能看到它们是多么赏心悦目了。

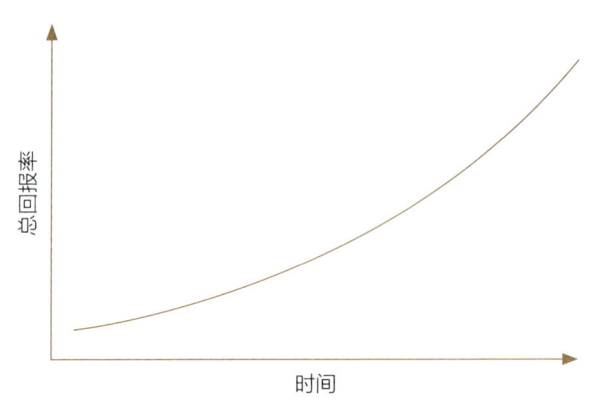

图 9.3　白天鹅十年内平均年回报率 9.8%

上扬的增长轨迹非常好看，这在很大程度上是依靠复利的推动（第 7 章中对复利进行了讨论）。

我选择了 9.8%，因为这是过去十年中标准普尔 /ASX 200 的实际平均年回报率。如果你投资了该指数并用回报进行再投资，那么这就是你的持仓在过去十年中的平均增长情况。

初始投资的总回报会达到惊人的157%。

你可能会提出这样一个问题：标准普尔/ASX 200在哪一年的实际回报率刚好达到9.8%？答案可能会让你感到惊讶，那就是"在任何一年都没有"。在过去十年中，该市场的年回报率实际上没有一次刚好达到平均水平。最接近的年份是2016年，那一年标准普尔/ASX 200的总回报率为11.8%。

看过上面这个颇具吸引力的图表之后，接下来我们考虑一下恐惧和丑陋的事物。图9.4中绘制了同一投资项目（标准普尔/ASX 200）在同一时期内的图表，提供了更多细节——短期回报率波动在图中也有所反映。

图9.4 丑小鸭

来源：Refinitiv Datastream, InvestSMART。

同样，这是标准普尔/ASX 200 在同一个十年期间的实际表现。此图表中不存在黄金矩形，而对于许多投资者来说，这会导致他们的杏仁核随时可能按下"恐慌按钮"——只要看看其中一些年份出现的暴跌，你就会明白这一点。过去十年中出现过一些丑陋的时期，这在很大程度上是无法预见的全球性事件导致的：

- 2012 年的欧洲债务危机；
- 2013 年的美国"缩减恐慌"；
- 2018 年的美国加息修正；
- 2020 年的全球新冠疫情。

然而，尽管发生了这么多可怕的全球事件，但 Y 轴告诉我们，该指数总回报率为 157%。

当你看到自己的投资项目亏钱时，这一丑陋的情形会发挥两种作用。首先，这会导致你产生损失规避偏见，让你质疑自己的决策并动摇决心；其次，它会引起生理性恐惧反应——这在每个人身上都会发生。

我敢打赌，投资历史上没有一个人不曾经历过这种对损失的恐惧。一些人能够处理好这种恐惧，还有一些人处理不好。这两种人的区别在于他们对恐惧的反应。他们会采取哪些做法来减轻损失？

第 9 章　爱上可怕的丑陋事物

请听我讲讲 2020 年 3 月新冠疫情发生时，一位和我关系密切的同事最初的反应。3 月 9 日，我接到了自己非常钦佩的一位金融市场从业者打来的电话。我接听电话时用了故作愉快的语气，以此应对这场席卷全球不可预见的苦难。他是这么对我说的："埃文，我想将超级年金计划中的全部资产清仓变现。我认为这是'唯一的出路'。这次的事件会导致市场全面低迷。你认为这件事怎么办最简单？"

我感到非常惊讶，脱口而出："你为什么要这么做？"

他的回答是："风险太大了，让人等不起。我们会永无翻身之日的。"

他当时的年龄在 35 岁到 40 岁，这意味着根据澳大利亚的超级年金相关法律，他必须等到年龄再增加几乎一倍时才能取用这笔钱。

这个人已经在金融市场工作了近 20 年，见过各种各样像这次疫情一样导致市场出现问题的事件。可是，在一个格外丑陋的交易日（市场在 3 月 9 日大跌 7.32%），他开始陷入恐惧，一时间无法控制自己。

我不得不给他吃"定心丸"。"你绝对不需要这么做。"我回答道，"健康危机总有一天会结束，市场将会消化事件余波并对风险重新定价，人们将会学习、成长并迈向繁荣的未来。你的超级年金将会从中获得收益，而 30 年后再回头看，新冠疫情只不过是你投资之路上的又一个短期波动事件而已。"

他回答道:"当我是一时糊涂。"也许情况是这样吧,有那么几分钟,他确实考虑过采取这种激进行动。

我的同事后来改为更加坚定地持股。他逢低买入,并充分利用了 2020 年年中到 2021 年的经济复苏的机会。他总是让我想到,如果他当时真的将所有股份清仓变现了,那么他现在会崩溃成什么样子。

毫无疑问,以上是我同事的恐惧反应。面对眼前的事态,他一心想要保护自己的储蓄金。

这个故事应该也能给你带来安慰。就连最优秀的业内人士,也会因重大损失的事件引起心理和生理上的恐惧反应而受到影响。你需要问问自己这样一个问题:你是否也有过在恐慌之下一时糊涂的情况?

这是视角的问题

在这种情况下,你需要调整自己的视角。你需要调转方向,远离那些对你不利的因素——短期主义、个别市场或持仓个股的损失,以及滚动浏览无穷无尽的负面信息。这些因素会导致你认为自己的投资可能是错误的。你必须采用更广阔的视角,考虑更长的时间范围,退后一步以看清整体情况,并消除那些你接收到的会影响自己金钱行为的信息。

第 9 章　爱上可怕的丑陋事物

以下是与美国标准普尔 500 指数有关的一些关键统计数据，可以帮助你拓宽视角并减轻恐惧。

在过去 122 年中，标准普尔 500 指数平均每年出现一次调整（出现 10% 以上的下跌，即视为调整），这并不意味着每年都会出现调整，你可能曾经见过某一年出现了两轮或更多轮下跌，而另一年则根本没有出现下跌。从这个视角可以看到，市场下跌属于正常情况，也是意料之中的事情。

这些调整的平均时长为 54 天。请记住，大多数经济数据和财报都是每个季度公布一次。当你收到关于调整的报告时，相关调整很可能已经完成了"自我调整"。针对为期 54 天的事件做出反应，是缺乏长远眼光的做法。你没有通过基于时间的充足证据来帮助自己做出英明的决策，而是陷入了恐慌。

这些调整的平均跌幅为 13.5%，乍一看会让人觉得调整了很多，尤其是对于那些抱有强烈损失规避偏见的人来说，他们可能会觉得这或许超出了自己的承受范围。

让我们拓宽视角，看看另一类资产——房地产。如果你家屋顶装有一块巨大的霓虹灯标牌，上面每天都会显示你的房子在 6 小时内的确切价值，那么假设你某天看到自家房子的价值跌了 13.5%，你会卖房吗？我对此表示怀疑。你需要将相同的逻辑应用于其他资产。

如果切换市场，这次使用标准普尔 /ASX 200 作为基线，我们可以看到类似的趋势。

在过去 30 年中，标准普尔 /ASX 200 出现了 20 次调整，其中只有 4 次变成了熊市（熊市是指市场下跌 20% 以上）。这 4 次熊市当中有 3 次是危机导致的，例如亚洲金融危机、全球金融危机和新冠疫情。

校正平均持续大约 48 天。

标准普尔 /ASX 200 与全球各个发达市场的同类指数相比，存在一个令人感兴趣的差异。根据 MSCI 的数据，它是收益率最高的指数，平均年收益率为 4.25%。因此，要想收获复利回报，这个市场非常值得关注。看看图 9.5。

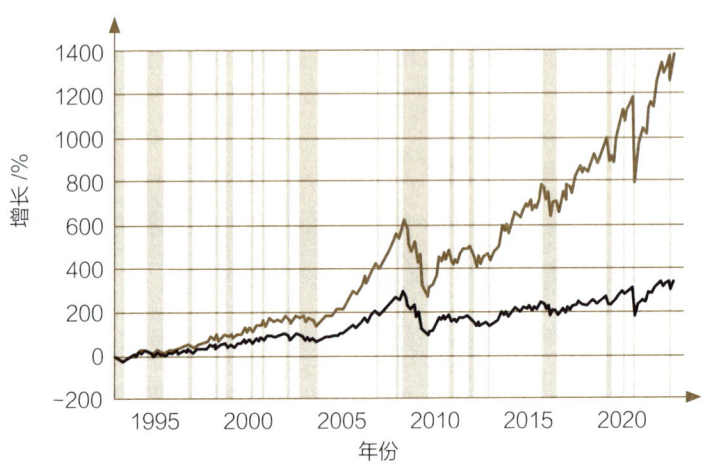

图 9.5 标准普尔 /ASX 200 调整和熊市

来源：Refinitiv Datastream，InvestSMART。

第 9 章　爱上可怕的丑陋事物

自 1992 年以来，标准普尔 /ASX 200 的资本增长已超过 315%。如果按总回报计算（即用所有回报进行再投资），那么该指数在同一时期的回报率超过了 1300%。

所有市场都会经历波动时期，并由此引发人们的恐惧心理。所有市场都会在其生命周期中的某些时刻出现下跌。这并不是一个新概念，而是众所周知的事情。

因此，如果你将标准普尔 500 或标准普尔 /ASX 200 放在孤立的时间段内去考虑，那你就可能会面临失败。你的思维会将调整和熊市造成的短期损失看作十分不利的情况，这可能会导致你做出不利的投资决策。

还记得丑小鸭吗？那个丑陋的图表背后有一只美丽的白天鹅。

抚平恐惧

接下来，回想一下美学原理，我们怎样才能抚平个别丑陋之处，让丑小鸭变得更顺眼呢？我们知道投资周期总会出现波动——尽管波动丑陋可怕。我们怎样才能学会接受它？

"不要把鸡蛋全部放在一个篮子里"是大家耳熟能详的谚语。我以为这句谚语是投资者编出来的，因为它十分契合分散投资的概念。通过分散投资，我们可以抚平恐惧。

考虑分散投资时，我们必须首先定义哪些资产会被视为

"相同"。你是否要对所持股票进行分散投资？（例如，选择银行股和资源股，或是科技股和医疗股，以便涉猎多个行业板块。）或者，你是否要进行更广泛的分散投资？你是否设法将自己的投资分散到不同资产类别中［如房产、股票、现金、固定收益产品、替代性投资、数字资产（加密货币）和金属］？

根据我的经验，分散投资越广泛，就越有可能抚平波动并提高整体回报。此外，它还可以降低投资不利或决策不善的风险。

在资产分散配置方面，诺贝尔奖得主、美国经济学家哈里·马科维茨（Harry Markowitz）的投资理论是很权威的。1952年，马科维茨发表了著名的论文，这项研究与现代投资组合理论的概念有关。现代投资组合理论强调：不应单独评估个别证券，而且个别投资项目的表现实际上不如整个投资组合重要。这种方法涉及构建多元化投资组合，可助个人投资者在可接受的风险范围内实现投资回报最大化。

马科维茨指出，大多数投资要么风险高但回报也高，要么风险低但回报也低（图9.6）。

为了更好地解释风险与回报的权衡，以及我们如何以不同的方式看待风险，我们回头看看攀爬高手亚历克斯·霍诺德。他谈到风险时说："我会区分风险和后果。当然，如果从岩壁上掉下来，后果是非常严重的。但是对我来说，这种风

第9章 爱上可怕的丑陋事物

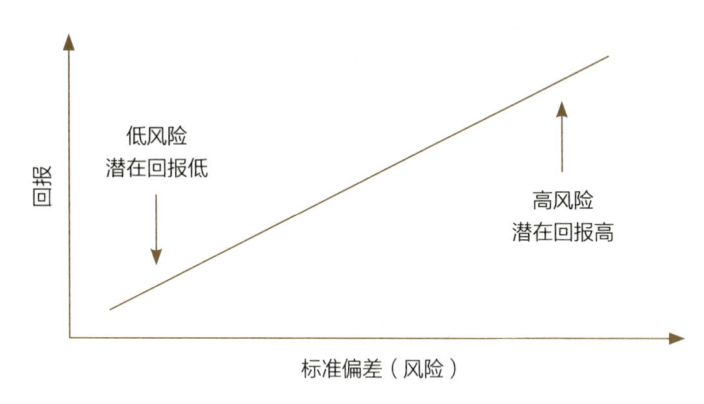

[图示：风险-回报坐标图，纵轴为"回报"，横轴为"标准偏差（风险）"，一条从左下到右上的斜线。左下方标注"低风险 潜在回报低"，右上方标注"高风险 潜在回报高"]

图9.6 风险与回报的权衡

险很低。"

他说的话在本质上的意思是，风险对于每个人来说不一样。对于我们来说，自由攀爬存在很高的死亡风险。但对于他来说，这项活动风险很低，因为得益于其高超的技能，他遭遇不幸的概率非常低。

马科维茨认为，混合配置多种适合个人风险承受能力的资产，是实现最佳回报的最佳方法。从行为金融学的角度来看，现代投资组合理论的美妙之处在于，它会考虑到以下因素：最适合你的东西未必最适合别的投资者，而且你的最佳回报率可能会比别人高，也可能会比别人低。

图9.7 跟踪记录了几类个人资产在五年期间各自的表现，这些资产类别包括国内股票、国际股票、国内债券、国际债券、房产和现金，它们被认为对于任何多元化投资组合都至关重要。

149

图 9.7 6 个资产类别的 5 年表现

来源：Refinitiv Datastream，InvestSMART。

如果你运用了马科维茨的现代投资组合理论，构建了"平衡型"投资组合，那么以下就是你会在过去 5 年中取得的表现。平衡型投资组合包含大约 50% 的防御性资产（例如固定收益产品和现金）和 50% 的成长型资产（例如国内外股票和房产）。

图 9.8 使用标准普尔 /ASX 200 作为基线，说明了将 6 个资产类别组合在一起能够大大提高回报的平滑性和一致性。分散投资并不能百分百防止下跌，但在遇到严重下跌时确实可以起到缓冲作用。

图9.8　平衡型基金与标准普尔/ASX 200

来源：Refinitiv Datastream, InvestSMART。

请注意，平衡型投资组合的表现低于标准普尔/ASX 200。这是意料之中的，因为标准普尔/ASX 200的风险高于平衡型投资组合。

这就凸显了如果想要抚平波动，你需要解决另一个挑战：害怕错过的心态。你可能会想"我本来应该只投资于股市"，或者"我本来不该错过这轮表现"。这时候思维就左右金钱了。请记住，你采用了低风险投资方法，是因为你无法忍受单个资产类别表现出的更高波动性。重点关注积极的一面，让你可以更好地避免恐慌（恐慌可能会导致投资失策）。

现代投资组合理论并不完美，但肯定可以最大限度减少决策错误。然而，大多数投资者都会与分散投资的优势失之交臂。为什么会这样呢？

最大的原因可能是其他心理偏见。本书前面的章节中讨论过几种偏见，但我们还需要考虑另外两个与分散投资有关的偏见：围栏效应和熟悉度偏见。

围栏效应

围栏效应是指这样一种倾向：过度关注个人投资组合中的特定投资或类别，而不从整体上更全面地考虑和看待个人投资组合。如果上述投资或资产类别可以确认自我归因偏见（第 3 章中讨论过），那么围栏效应这一偏见会格外强烈。

狭窄的关注面会"圈住"你的思维，还会在资产组合内部围绕每一项投资建立"围栏"。围栏效应的问题在于，你会单独对待每个资产类别，而不是将其视为整体中的一部分，这会削弱分散投资的力量。由损失规避和确认偏误引起的超敏反应会导致你重新犯错并做出糟糕决策，进而失去马科维茨理论中可通过分散投资获得的最佳回报。

要想对抗围栏效应，最有效的方法之一是简化所持资产。如果持有太多投资项目，或者在投资组合中添加既定投资策略之外的投资项目，就会助长围栏效应。你可以通过拓宽关注面来克服围栏效应，具体做法是将单个证券或资产类别作为整个资产组合的一部分来看待，而不要单独考虑它的表现。

第9章 爱上可怕的丑陋事物

熟悉度偏见

熟悉度偏见也是抑制分散投资的因素。人们总会被熟悉的人或事物吸引，这是天性。在社交场合，我们会被熟悉的群体吸引，因为我们了解这些群体的规则，并且很容易融入其中。想想你去参加派对时的情景：你会自然而然地接近自己认识的人，而不会与素未谋面的陌生人搭讪。

在行为金融学中，也会发生同样的事情。投资者更有可能投资熟悉的投资项目类别和证券，而不是考虑闻所未闻的股票或证券，即使后者更有利于分散投资。

研究表明，投资者倾向于在他们所在的区域，甚至自己的工作行业中进行投资，因为这些都是他们熟悉的投资环境。

熟悉度偏见在房地产市场中表现得最为显著。在房地产市场中，投资者倾向于在自己家附近购置投资性房产，只是因为他们喜欢住在那里。更有见识的房地产投资者会根据区域性增长驱动因素、租金回报率以及租户在某地的需求做出决策，并且会构建多元化投资组合，而不会由于熟悉而购置与自己家同在一条路上的房产。

这些在本地投资的决策与马科维茨指出的分散投资的目标背道而驰。熟悉度偏见会让我们难以摆脱"本土偏好"，这可能会导致我们在投资组合中过度配置熟悉的事物，而不是配置可在投资组合整体表现方面能带来最佳回报率的投资项目。

将国内股票投资和国际股票投资进行比较时，这一点尤其严重。澳大利亚证券交易所（ASX）对散户投资者及其投资习惯进行的年度调查表明，只有27%的受调查者持有一些国际股票，高于2014年的17%。尽管在过去十年中，国际股票的表现始终优于澳大利亚国内股票，但持有国际股票的投资者比例只有四分之一多一点。

更糟糕的是，这项调查还表明，在国际股票持有者的整体投资组合中，国际股票的配置比例仅有2%。这再次凸显了这样一个事实：投资者的资金配置偏向于熟悉的国内资产，而这些国内资产在过去十年中的表现并非最佳。

就像对待围栏效应一样，你也可以通过变换视角来克服熟悉度偏见。如果你的国际股票配置比例只有2%，那么其余98%的投资组合你都配置了什么？是否高度集中于国内资产？如果是的话，为什么会这样？这一点是否引起了你的注意？你之所以选择了熟悉的选项而非最佳选项，是不是因为你可以获得的所有信息导致你这么做？

问问自己这几个问题，可以迫使你正视自己。如果对自己都无法正视，你又能对谁以诚相待呢？我的建议是：制定投资规范并变换投资思维，重新从整体上看待你的金钱——这正是本书的最终目标。

在下一章中，我们将会进一步探讨"考虑全局"这一理念。

> **反思**
> - 你与恐惧的关系是什么样的？你是天生的冒险家，还是比较保守的人？
> - 看到自己的投资表现有所下滑时，你的第一反应是什么？
> - 在自己的投资组合中，你能否找出围栏效应和熟悉度偏见的例子？国际资产在你的投资组合中占比是多少？

第 10 章

大象范式

CHAPTER 10

第 10 章　大象范式

> 唯有跳出画框的人，才能看到整个画面。
>
> ——萨尔曼·鲁西迪（Salman Rushdie）[1]

在有助于理解金钱的各种类比中，我喜欢把自己非常偏爱的一个类比称为"大象范式"。这个类比脱胎于一则儿童寓言：如何吃掉一头大象？答案是：一口一口地吃掉。

大象范式暗示了许多东西，包括：我们应该将各种任务、情况以及生活本身化整为零，分解成多个更容易管理的部分，这样自己就不会不堪重负。这个类比也适用于心理学中关于我们如何处理信息的观点。心理学认为，化整为零是人类非常擅长的事情之一。

问题是，在金钱方面，你未必应该这么看。相反，你应该采用大象范式。你需要看到整头大象，而不是眼下摆在盘子上的一小块肉。

着眼于整头大象，可以改变你对整体财富的看法，也能让你对手中的财富带来的财务自由另眼相看。

很遗憾，我们采取的默认做法可能是紧紧盯住个人储蓄

---

[1] 印度裔英国作家。——编者注

或是日常账户的余额。有时我们查看账户，甚至可能是为了看看自己已经成功积累了多少超级年金或退休储蓄（尽管我觉得大家不会非常频繁地这么做）。

我们还存在这样一种倾向，即将我们拥有的事物（汽车、房子、船只）或取得的成就（子女考上好学校、享受年假）作为一面"透镜"，透过这些东西来看待我们的财富。

这种着眼于零散财富而看不到完整情况的倾向，会导致我们对自己的财务状况产生误解。

不妨展开想象，在脑海中勾勒出一头完整的大象。请注意：长长的象鼻适合采摘高处的树叶；大大的象脚适合支撑庞大的身躯；扇来扇去的耳朵适合在天气炎热时帮助身体降温。如果我们将这头大象视为一个整体，那么很明显，这是一只机能健全的动物。

个人财务状况也是同理。从整体角度看待你的财富是至关重要的。你不仅要知道本月的信用卡欠款金额，或是缴纳汽车上牌费用的截止时间，也要能够更全面地看到自己真正拥有的财富。说实话，如果我们当中有更多人能够以 360 度的全面视角看待自己的财务状况，那么我们可能就有更多人会感受到自己拥有的更大控制权了。一些人会对个人状况感到欣慰，还有一些人可能会意识到自己实际上还算富有。

我们很容易养成这样一种习惯，那就是每天多次查看银行 App 以跟踪交易账户的变动情况，或者随时坐下来对预算表中的花费进行细微调整。不要误会我的意思——这些检查都是值得进行的。但是，你也需要对这种零散的方法加以补充，站在纵览全局的角度来看待自己的财务状况。

有了全局视角，你就能清楚地了解自己目前处于什么状况，不会纠结于细枝末节而无法自拔了。重要的是，全局视角还能为未来打下坚实的基础。

看见整头大象，能让你意识到自己拥有什么

当我们看清全局后，许多人都会意识到，自己的财务状况看起来总归不算太糟糕。由此一来，我们可以制订稳扎稳打的计划来促进财富增长，而不会把希望寄托在不切实际的愿望上。

我们当中的许多人都认为，我们需要赚取远比现在更高的薪水才会觉得自己有钱。传闻中的一些调查表明，四分之一的人必须赚到至少 50 万美元才会自认为富裕。在 2022 年的一项调查中，澳大利亚人表示他们需要赚到超过 32.5 万美元的年薪（这几乎是当时个人收入中位数 49 805 美元的 7 倍），才会感到自己是富有的。

不断渴望赚到更多的钱，可能是一场危险的游戏。只有一小部分的高收入者能够达到这样的收入水平。现实情况是，根据澳大利亚统计局（ABS）的数据，典型的澳大利亚

中产阶层实际上年收入约为 92 000 美元。

再加上社交媒体的影响——似乎周围的每个人都在马不停蹄地迈向社会顶层，因此你很容易失去主见，觉得自己生活艰难。对于许多澳大利亚人来说，情况并非如此。当我们考虑全局时，这一点会变得更加清晰。

澳大利亚统计局在 2020 年年底对相关数据进行分析，发现澳大利亚家庭积累的净财富（减去负债后）平均为 102 万美元。我们稍后将会谈谈这一点，但是鉴于持续至 2022 年年初的房地产升值，住房所有者的身家现在增值了不少。

看见整头大象，有助于做出更好的选择

许多人采取的默认做法，是着眼于自己财务状况中一些在日常生活中对我们有影响的方面，例如日常账户余额和股票交易账户。

相比之下，我们反复查看其他重要数字（例如超级年金基金或房贷余额）的频率往往要低得多。通常只有在心血来潮或遇到麻烦时，我们才会这么做。

看清了全局，你就会更容易认清自己的财务状况有哪些方面需要多加努力，例如减少债务、增加退休储蓄或增加其他投资。看清整体状况之后，你就可以开始制订计划以确定

努力方向，并鞭策自己积极主动地改变自身行为。这种变化将会成为习惯，还会对你的心理偏见产生积极影响，帮助你形成具有可持续性的金钱行为。

了解自身情况有助于改善危机管理

专业人士经常建议消费者通过预算评估来进行危机管理（例如面对利率上升或个人失业）。但是，如果你连自己的起点在哪里都不知道，又怎能未雨绸缪、早做打算，或是胸有成竹地应对意外情况呢？

当你在生活中遇到不可避免的坎坷时，如果能够站在纵览全局的角度来看待自己的财富，你就可以大大减轻心头的压力。请记住，人生并不总是一帆风顺——你的职业生涯、人际关系、生活状况和财务也是如此。

了解自己的整体财富状况，不仅可以防止自己遇到意外时做出像"膝跳反射"那样的本能反应，还能以体面的净财富状况为后盾获得信心，从而在应对困难情形时能够思虑周全、审慎行事。正如我之前所说，此时你需要充分利用金钱的价值——金钱可以为你赢得时间，能够让你做出明智的选择，从而帮助你实现财务自由。

你的目标不是琼斯家的目标

最近的一项调查发现，二分之一的澳大利亚人曾经感到自己迫于社交圈子的压力不得不花钱。五分之一的人甚至曾经由于要向周围人的花费看齐，而在这种压力之下背负债务或过度消费。

我们很容易掉进迫于同辈压力而花钱的陷阱，这对自己的财务状况没有任何好处。另外，请记住，有些现象背后的真相是你看不到的。按照样板间标准花了一大笔钱装修房子的邻居，或是经常购买新车的朋友，可能会让你深陷在不良债务的泥潭中，并面临极大的财务压力。

如果能够全面看待自己的财务状况，你就会更容易设定与自己及家人相关的目标。此外，这还有助于你避免为了"赶上邻居琼斯家"而花钱这种攀比行为。

请记住，在金钱方面，最重要的事情应该是你的目标和未来。你是唯一能够掌控自己财务命运的人。你的同辈人有他们自己的财务命运，这是他们自己的事情。简而言之，不要进行攀比，你只需制订自己的计划就够了。

如何把握整体情况？

上市公司每年都必须编制年度报表，让股东和其他相关方能够全面了解真实的业务情况。公司的资产负债表以纵览全局的角度提供了真实业务情况，其中显示的内容包括资产，即公司所拥有的一切有价值之物，位于分类账另一侧的是负债，即公司欠第三方的欠款金额。

个人和家庭也可以编制个人资产负债表。这是一种非常实用的工具，可以帮助你全面了解自己的整体财务状况。

有许多 App 可以用来帮助你了解自己财务状况的整体优势。你可以在纸上算出自己的净财富，只要将所有个人资产相加，然后减去所欠全部债务的价值即可。最后得出的数字就是你的"净"（资产减去负债）财富。

这项练习的重点在于让你发现自己整体财务状况的真正优势。如果总资产超过负债，那么你就领先了。当累计总债务超过总资产时，你就需要采取行动了。

但是，正如我刚才提到的，净财富的价值会让我们当中的许多人感到惊喜。表 10.1 表示了截至 2020 年 12 月的某地区平均家庭资产负债表。不妨看看这些数字，有一点很明显，那就是：拥有住房以及不断增长的超级年金和其他金融资产，可以对个人财富产生重大影响。

当然，该表显示了"其他房产的价格"（197 900 美元），这反映了许多人对投资性房产的热情。但是，包括股票和储蓄在内的"其他金融资产的价值"共计为 162 500 美元——这也是一件好事。

一口吞掉大象的理财通识

根据表中澳大利亚统计局调查结果得出的结论是：澳大利亚家庭拥有的资产价值平均为 120 万美元，而所欠个人债务不到 20 万美元。由此可以得出，澳大利亚家庭的个人净财富为 102 万美元。长话短说，你可能都不知道自己是个富有的人。

表 10.1　2020 年 12 月澳大利亚平均家庭财富

单位：万美元

资产	
金融资产	
超级年金基金总价值	22.37
其他金融资产的价值	16.25
金融资产合计	38.62
房地产资产	
房主自住房价值	53.32
其他房产的价值	19.79
房地产资产合计	73.11
其他非金融资产的价值	10.40
非金融资产合计	83.51
资产合计	122.13
债务	
房主自住房贷款的未还本金	11.75
其他房产贷款的未还本金	6.22

续表

资产	
房产贷款合计	17.97
信用卡欠款金额	0.2
其他贷款欠款金额	1.77
债务合计	19.94
家庭净值	102.19

来源：澳大利亚统计局，2021年，"家庭财务资源"（Household financial resources）。

如果将完整的财务状况作为一面"透镜"，透过它来看待自己的财富，你就会更容易衡量自己取得的进展。我们生活在复杂的金融世界中，我们不断被要求在金钱方面做出复杂的决策，并且可能会觉得自己在财务上没有取得任何真正的进步。直到你能够爬上山顶，将全景尽收眼底，你才会意识到自己走了多远的路、取得了多大的成就，以及当你身在下方的山谷中时，自己的视角可能会受到怎样的遮挡。

因此，请行动起来，仔细观察一下财务这头大象，然后将同样的全局思维应用于你的财务状况。你很可能会惊叹于自己目前为止所取得的进步，而且你眼中的未来道路也会变得更加清晰。

接下来，我们将会探讨在金钱方面如何控制自己生活中能够控制的东西。

反思

- 你倾向于经常跟踪个人财务状况中哪些要素的变化情况?
- 你倾向于回避哪些要素?
- 你是否创建了自己的家庭资产负债表,以便从整体上看待自己的财富?(如果还没有创建,你在犹豫什么?)

第 11 章

控制你能控制的东西

CHAPTER 11

第 11 章　控制你能控制的东西

> 只有你自己可以掌控你的未来。
>
> ——苏斯博士（Dr. Seuss）

我们都知道自己在生活中能够掌控什么以及无法掌控什么。尽管如此，我们却将大部分时间用来关注那些自己无法掌控的东西，而不是能够掌控的东西。

你曾经有多少次希望彩票中奖或比赛获胜，或是收获其他意外之财？这些都是无法控制的事情。这些事情可能会发生，但概率微乎其微。但是，我们当中的许多人都会梦想这些好事落在自己头上，认为一笔巨款会让自己过上更轻松或更美好的生活。

毫无疑问，人们总是很乐意额外获得一些金钱。可是，更为明智的做法不是把未来财务状况寄希望于自己无法控制的事情，以及可能永远不会发生的事情，而要通过专注于自己能控制的东西来改善个人财务状况。有一种策略非常简单而且万无一失，那就是控制自己能够控制的东西。

在你的财务"武器库"中，你能控制的最大一件利器是无可争议的，那就是让储蓄大于消费。这不是全新的顿悟，也不能改变人生走向——这只是事实而已。

但是，困难之处在于如何控制消费。如果你的金钱行为和金钱人格建立在消费基础之上，那更是如此了。但是请记住，本书的目的是帮助你用思维驾驭金钱。对于某些金钱人格来说，这可能很难做到，但也并非不可能。你要对各项费用和开支进行评估。该策略并不是要你变成吝啬鬼，或是过上不食人间烟火的生活，而是侧重于让你的钱花得"物有所值"。

很有意思的事情是，我们通常需要首先解决基本需求问题。在经济学和金融学领域，人们普遍接受这样一个观点：有五个消费领域被归为"基本需求"，即食品、住房、教育、健康和能源。你在这几个领域不太可能妥协，因为它们都是生活的基本需求。但是，如果更深入地挖掘一下，你就会发现，减少一系列费用，你的生活状态不会因此受到影响。

如果基本需求在家庭消费中的占比可以从100%变为60%或70%，那么你就能顺利积累储蓄，而这些储蓄可以用来扩充投资组合和赚取被动收入。通过这条途径，你可以在不增加工作强度或工作时长的情况下赚到更多钱。这意味着你可以把自己变得更有钱这件事从一厢情愿的想法变成现实。

控制和预算

当阅读个人财务方面的图书或杂志时，你一定会从中获得一些忠告，包括做预算的好处。做预算可以在控制消费方面发挥重要作用，这已经不是什么秘密。毕竟，大公司和各地政府都会按照预算做好财务控制并避免资金浪费。对于个人来说，做预算也可以有效发挥作用。问题在于，做预算时会受到种种限制，并且需要花费精力。对于人类来说，这些因素都是偌大的绊脚石。

此外，预算属于"今天"的工具，而不属于"明天"或"长远"未来的工具。预算所关注的时间范围比较窄，其益处在于能让自己了解下周或下个月（有时候是下一年）的金钱状况。但大体上来说，预算是一种周而复始的短期手段。一个预算周期结束后，你需要重新开始做预算。虽然预算不能帮助你打破不良习惯，也不能拓宽你的视野，但能让你在金钱方面看见"整头大象"。

我认为，正是由于以上原因，我们当中的许多人都无法坚持执行预算。他们不去处理自己能够控制的事情，而是会用"创可贴"来掩盖主要问题。在这种情况下，金钱会左右你的思维，也会因此而左右你的时间和财务自由。

相关研究表明，四分之三的美国人会执行某种预算。尽管百分之八十的人尽了最大努力，但是他们依然很难守住自己的消费限制。研究发现，美国人每年的消费会超出预算大约 7 429 美元。

尽管这些数字与美国有关，但我认为它们可能在澳大利亚和其他相似的国家或地区也同样适用。调查发现，最大的"预算杀手"是网上购物、杂货店购物和订阅服务。听起来是不是有点熟悉？根据投票结果，排在前 10 位的"预算杀手"囊括了存在这方面嫌疑的各种常见行为：一日三餐、点外卖以及办理健身房会员卡。

为什么做预算如此具有挑战性？原因有两点：一是消费比储蓄更有趣（第 12 章将会进一步探讨这个问题）；二是我们倾向于根据过去的付费情况来制定预算。这是一个致命错误，会让我们从一开始就注定要失败。

为了应对这一挑战，你需要变换视角——换个角度来看待市场波动性。如果你没有密切关注预算中"最核心"的各项固定费用支出，那么这些费用可能很容易超支。

我所说的固定费用支出是指：一般保险、医疗保险和汽车保险、能源账单、贷款还款，还有电信账单（网费和电话费）。这些服务费用往往会逐步小幅增加，你可能不会注意到费用增加会对自己的整体金钱状况产生多大影响——正是因为这一点，服务提供商只会逐步小幅涨价。这些费用的上涨会消耗今天的金钱，这种消耗比任何其他因素造成的消耗都要来得更猛烈、更迅速。

你与服务提供商准备续签时，提供商很可能会对你出击。这时候，你需要改变自己的习惯。如果你纵容旧合约涨价，就会起到和复利相反的作用。每一次费用上涨都会导致你的金钱减少。你手中可以用来赚取复利的金钱越少，你在整个投资生涯中收获的回报也就越少。

因此，你需要从改善固定费用支出做起，这对于控制你能控制的东西至关重要。通过搜寻更划算的优惠活动，你无须节衣缩食就能减少开支，还能立即获得更多用于储蓄的闲钱。这有助于实现让支出低于收入这一目标。

请列出所有固定费用,包括房贷还款、保险、电费、网费等。对于电话费和互联网订阅服务等定期支出,请记下上一年为每一项支付的金额,或者记下目前的付款情况。你可以以此为基准来制定预算。

我知道这种方法需要你投入时间,需要实实在在地亲自付出努力。然而,要想养成良好习惯,这是必不可少的第一步。这就好比锻炼身体:先从小处做起,然后循序渐进。你可以查看一项费用并解决这个问题,然后查看第二项费用,照此重复。如果你在多个支出领域采用这种方法,那么节省下来的钱积累起来,金额就会变得相当可观。你不必为了省下这些钱而改变自己的生活消费。

让我们仔细看看,通过控制你能控制的东西,你可以节省多少钱。我们将会讨论五个重点领域。在这些领域中,澳大利亚家庭每年有望节省超过 3 000 美元。对于高收入者来说,就如同税前工资涨了 6 000 美元。

住房贷款 [1]

谈到银行时,我总会这么说:银行不是你的朋友。另

---

[1] 本章侧重于讨论澳大利亚的情况,仅供参考。——编者注

外，请记住这样一个事实：银行会对你使用复利。你所背负的任何贷款都会反过来让你支付复利。每次银行收取利息时，都会增加你的整体贷款总额，这意味着你要花更长时间才能还清贷款。要想减少本金，唯一的方法就是确保还款金额大于银行扣除的利息。

澳大利亚的抵押贷款平均金额约为 50 万美元。在背负这么多贷款余额的情况下，降低利率的余地也很大。利率的略有降低也可以大大节省每月还款金额，并大大减少长期应付利息。

澳大利亚储备银行的数据显示，各大银行现有贷款的平均可变利率为 2.89%（截至 2022 年 3 月）。按照这一利率，50 万美元的 25 年期抵押贷款需要每月还款 2 343 美元左右。

但是，小型贷款机构的新贷款平均利率为 2.46%。你只需换一家利率较低的贷款机构，就有望让利率降低 0.43%。这样一来，同样是 50 万美元的抵押贷款，每月的还款金额可以降到 2 233 美元左右。这一差异可以积少成多，你每月就可以节省 110 美元或每年节省 1 320 美元。请注意，我在这里使用了平均数字，很多贷款机构的利率甚至比这还要低，所以你只需"货比三家"，多了解几家银行，就能省下更多的钱。

对于这个问题，你还可以采用另一种思路。你的房子是一项长远的资产，属于成就未来财富的资金池。假设每月利息费用减少，但每月还款金额不变，那么你就会更快拥有长远的资产。购置住房资产时，支付的本金越多，抵押贷款就越少，偿还的利息也就越少，而你实际拥有的财富也就越多。这说明，消费习惯发生小小的改变，就能实现省钱和投资。这种方法有着强大的力量，无论怎么强调都不为过。如果你知道将会更快地拥有自己的住房，这会给你带来信心和财务保障，这被称为"财富效应"。即使你的收入并没有改变，你也会觉得自己更富有了。

说到这里，我要发出重要警告：财富效应带来的信心可能会诱发消费。人们觉得自己更富有时，可能会掉进消费这些额外财富的陷阱。请把精力集中在通过拥有自己的房屋而带来的自由上，而不是你可能会获得的额外消费的能力上。

住宅保险和汽车保险

近年来，澳大利亚的住宅保险费用已经有所上涨。气候变化等因素导致了恶劣天气加剧，从而导致了住宅和宅内财产的保费提高。因为这一问题无法在短时间内得到解决，所以这类事件将会继续更加频繁地发生。然而，由于住房是一项重要资产，因此如果你不重视这项费用，后果可能会让你无法承受。此外，大多数住房贷款通常会要求购买房屋保险。但是，这并不意味着你必须忍受过高的保费。

2022年5月，澳大利亚的住宅保险年度费用约为1 000美元到1 600美元不等，具体费用取决于你居住在哪个州。在容易出现龙卷风的澳大利亚北部，居民可能会支付上述四倍的金额。接下来，我们暂且按照适用于新南威尔士州的平均年度保费——1 400美元计算。

不要在续保时一味纵容保费上涨，而要与其他保险公司进行比较。当你制定新的保单方案时，即使不能享受更低的保费，保险公司通常也会提供优厚的首年保费折扣，此类折扣可能会高达30%。这表明，你只需换一家保险公司，就有可能将1 400美元的保费降至980美元，也就是节省420美元。这420美元是你可以掌控的金钱，是能省下来的金钱，也可以追加到能产生复利的投资项目中，从而带来更多回报的金钱。我知道，420美元单独来看似乎并不多，但这只是你所节省的一系列费用之中的一小笔。如果将省下的一笔笔钱加起来，420美元会变成1 000美元乃至更多。

和住宅及宅内财产一样，不要接受汽车保险费率上涨。车险是价格逐年上涨最严重的保险之一。我可以向你保证，与其向保险提供商多交钱，不如把这些钱留在自己口袋里。如果下功夫进行比较，找出优惠力度更大的方案，你就会获得回报。

医疗保险

澳大利亚的私营医疗保险价格不菲，这也是理所应当的事情。如果你遇到不幸且需要医疗专业人士的精湛医术，你就理应为此付费。但是，你也可以通过一些方法对医疗保险费用加以限制。

第 11 章　控制你能控制的东西

首先，你可以将不需要或不想要的项目从医疗保险中剔除掉，或者选择更高的免赔额。和住宅保险及汽车保险一样，你可以通过更换保险提供商最大限度地省钱。说到保险公司，一位和我关系非常密切的同事有句话说得好极了："千万不要断了保险公司的财路。"她说得没错。正因为如此，你如果扬言要退保，往往就能获得优惠。

如果一个澳大利亚四口之家购买最高一档"黄金级"医疗保险，那么每年的保费可能会高达 1 202 美元。如果购买标准型医保产品，则保费为每年 577 美元，可以节省 635 美元之多。再说说"黄金级"保险：它可能会让你感到更加安心，从而让你有理由认为这笔钱花得"物有所值"，但是 1 202 美元的保费中还包含了什么项目？你真的能够掌控自己的医疗保险费用吗？

信用卡

信用卡仍然是一个利率居高不下的领域，即使近年来澳大利亚的住房贷款和其他个人贷款利率曾创下历史低位。虽然收取 20% 以上利息的信用卡不在少数，但我们仍然有可能将这一利率降低一半以上。许多发卡机构（特别是小型银行和信用合作社）的信用卡利率为 8.99%。

如果将 3 000 美元的信用卡债务从利率 20% 的卡转换成

利率 8.99% 的卡，每年就能省下 330 美元。

能源供应商

如果你想要切实节省能源费用，那么不妨看看能源供应商。

能源账单往往会在不知不觉中对我们产生影响，因为我们通常会按季度而不是按年支付这些账单。如果想知道电力和天然气费用有多贵，你可以将最近四张季度账单的金额加起来，看看年度费用有多少。

从有利的方面来看，澳大利亚的大多数人现在都有不少供应商可供选择，因此你不必忍受定价过高的能源费用。

以下是一个潜在节省的例子：维多利亚州的家庭如果使用默认供应商，可能每年会支付 1 307 美元；如果使用价格更低廉的供应商，则可以将能源费用削减至 951 美元，即每年节省 356 美元。这样一来，你就可以通过控制自己能控制的支出来掌控更多金钱。

结论

表 11.1 中总结了上述各项费用的节省情况。它表明，你只需减少五项家庭固定费用，就有可能从年度家庭预算中削减 3 000 美元。

第 11 章 控制你能控制的东西

表 11.1 五种削减消费的方法（澳大利亚的数据）

固定费用	当前费用	切换方案	切换方案后每年的节省金额
住房贷款还款：500 000 美元抵押贷款，25 年期	各大银行既有贷款的平均利率：2.89% 每月还款：2 343 美元	小型贷款机构新贷款的平均利率：2.46% 每月还款：2 233 美元	1 320 美元
住宅保险	平均年度保费：1 400 美元	仅仅换一家新的保险公司就有望节省：30% 的折扣	420 美元
四口之家的医疗保险；返现前的每月保费	最昂贵的每月保费：1 202 美元	最便宜的每月保费：577 美元	635 美元
3 000 美元的信用卡债务	高利率：20% 每年利息收费：600 美元	低利率：8.99% 每年利息收费：270 美元	330 美元
电力	维多利亚州的默认供应商：1 307 美元	最便宜的方案：951 美元	356 美元
每年有望节省			3 061 美元

重要的是，这种省钱方式并不意味着有时需要舍弃与好友一起享受夜生活、在本地咖啡店享用牛油果吐司等活动。

在我探讨过的每种情形中（医疗保险可能除外），你都可以获得相同的产品。但区别在于，你可以支付更少的费用。由此引出了这样一个问题：为什么要花费更多钱呢？

这个小小的样本很好地说明了，你可以通过控制哪些东西来获得财务自由，并实现增加储蓄、减少消费的目标。你还会发现，当做出这些改变时，自身也会发生一些变化。这些变化将是你所特有的，但是你要认识到具体都有哪些变化。你将会意识到，哪些消费习惯和消费行为可以得到控制和改变，从而让自己过上更好的生活。

要用你的思维控制你的金钱。

我们刚才讨论的问题里有一个可怕的名称——"懒惰税"。懒惰税是指人们由于懒得亲自付出一些努力而支付更多费用的情况，它经常出现在基本需求方面。正如我们在本章中所看到的，懒惰税并不是微不足道的小钱。

我们所有人都需要支付各种各样的固定费用，这些费用是不可避免的。但是，你可以利用更好的备选方案来减轻财务问题带来的痛苦。这可以为"今天的金钱"提供大量储蓄。这些储蓄经过转换，可以转移到"明天的金钱"和"长远的金钱"中，从而将积蓄变成能够带来回报的资产，帮你实现梦寐以求的财务自由。

反思
- 你是否经常会梦想获得意外之财，而不是把精力集中在自己能控制的事情上？
- 你是否觉得坚持执行预算是件充满挑战的事情？如果是这样的话，你可以采取哪些措施来激励自己或改变自身行为？
- 你上次对自己能控制的东西进行评估以寻找更划算的优惠，是在什么时候？

第 12 章

投资型消费

第 12 章　投资型消费

> 我可不是购物狂，我只是在促进经济发展。
>
> ——无名氏

1 万亿美元是 2020 年澳大利亚人的消费总金额。在这些消费金额中，住所、食物以及其他必需品费用确实占了很大一部分。但是，非必要消费（"自主性"消费）的一些数字也可能会让你大吃一惊。

表 12.1 对 2020 年澳大利亚发生的消费总金额进行了细分。澳大利亚人在娱乐方面花了 1 005 亿美元，在酒店、咖啡馆和餐厅消费方面花了 506 亿美元，在酒精饮料上花了惊人的 247 亿美元，在香烟上花了 224 亿美元。

当然，2020 年是非常"特殊"的一年。新冠疫情留下的影响将会铭刻在我们的财务行为中，绵延数十年之久。居家办公和网上购物出现了指数级增长，从而永久改变了我们对生活和工作的习惯。这可以解释为什么家具销售额猛增至 539 亿美元，服装消费金额也达到了 346 亿美元。

从长远角度来看待上述评论，我们可以发现：到 2020 年，网上购物已经问世 30 多年了。2019 年，澳大利亚大约 20% 的销售是在网上进行的。2020 年，网上销售占比增至

27%，仅仅一年就增加了7%。相比之下，从0到20%用了整整30年。

表 12.1　澳大利亚家庭支出情况（2020 年）

单位：亿美元

租金 / 住宅服务	2 280
食物	1 125
娱乐 / 文化	1 005
保险 / 金融服务	987
健康	711
其他商品 / 服务	614
教育服务	558
家具 / 家居物品	539
酒店 / 咖啡馆 / 餐厅	506.8
交通工具运行	448
服装 / 鞋履	346
电力、燃气 / 燃油	270
酒精饮料	247
香烟 / 烟草	224
交通工具购置	218
通信	215
交通运输服务	116

来源：澳大利亚统计局，2022 年，"澳大利亚国民账户：国民收入、支出和产品"（Australian National Accounts: National Income, Expenditure and Product）。

据澳大利亚银行业巨头西太平洋银行（Westpac）透露，在西太平洋银行集团的客户中，2020 年年底交易、储蓄和定

第 12 章　投资型消费

期存款账户的合计余额中位数仅有区区 3 559 美元。鉴于 2020 年是新冠疫情的第一年，澳大利亚人在那年 3 月下旬左右开始出现从净消费者转为净储蓄者的趋势。更令人担忧的是，一项调查发现，在 2022 年，超过五分之一的澳大利亚家庭声称其现金储蓄少于 1 000 美元，而这一组中有 12% 的家庭现金储蓄少于 100 美元。

虽然澳大利亚人已经成为净储蓄者，但储蓄表现仍然相当平淡。我们所有人都可以掌控自己的消费。但是，我们怎样才能控制住消费习惯，并继续保持在疫情期间开始养成的良好储蓄习惯呢？

如果我们可以将消费习惯变成投资习惯，会怎么样？如果我们成为"投资型消费者"，会怎么样？

想想看：我们每年消费超过 1 万亿美元，这些消费中哪怕只有 10% 转而用来进行储蓄和投资，也可以带来巨大的收益。

单是改变这一个习惯，就能让你立即踏上财务自由之路。你会发现，今天自己有了更多金钱，想要留给明天的金钱实际上已经预留出来了，而长远资金也会开始定期得到补充——这是你在改变习惯之前做不到的。

将消费习惯变成投资习惯是可行的。为此，第一步我们需要理解为什么会身不由己地花钱购买往往没有持久价值的东西，而换来的只是生活中昙花一现的快乐。这实际上是思维左右金钱的一种情况。

我们为什么要消费？

消费是一种刺激因素。许多研究论文发现，做出购物决策可以增强我们对自己所处环境的个人掌控感，而在自主性项目上的消费可以缓解悲伤的感觉。这意味着"购物疗法"不是空谈，而是一种实实在在的心理现象。

研究还发现，支出引起的一大生理反应是释放多巴胺——这是一种神经递质及激素。众所周知，多巴胺被称为"让人感觉良好的激素"或是"快感激素"。不过大多数人不太了解的是多巴胺在学习、记忆和运动系统机能中的功能。

将快感与学习和记忆相结合，可以解释快感与行为的联系。如果我们记得消费可以带给我们快乐（让我们产生快感），我们就会继续设法重复这种行为。

进一步的研究发现，带来快乐的并不是商品本身。对购物的预期才是导致多巴胺飙升的因素。这种飙升的持续时间非常短暂——一旦我们在实体店购物付款离店后，或者在网上购物收到包裹，多巴胺很快就会恢复正常水平。后悔的感觉可能会迅速随之而来，这就是所谓的"买家懊悔"（四分之一的购物者承认自己在购买特价商品后会感到后悔）。

消费也可能无害，甚至可能对你有利。但是，世界上

第 12 章 投资型消费

有许多事情都是过犹不及的，消费也不例外。想想你的上一次自主性消费：是买了一件新衣服或一双新鞋，是以优惠价格买了第二杯咖啡，还是偷偷摸摸买了一块巧克力？无论你举出什么样的例子，如果你有购买某种东西的习惯，那就说明你有消费习惯——这会导致存钱对你来说远比消费更加困难。

习惯是强有力的行为，是依惯例来做事情。事实上，有一个词被用来定义习惯，那就是"自动"。如果习惯是你自动做出的一些行为，那么你可能已经认定自己不必思考它们。你不必权衡为什么要以这种方式行事，因为这是你已经习得的行为——尽管习得方式可能是正确的，也可能是错误的。

要想打破旧习惯并建立新习惯，你需要做到自律。你需要对抗偏见，并采取一些策略来改变自身行为，但这件事绝对值得去做。

2020 年，澳大利亚人在服装上消费了 346 亿美元。想想你自己在这类商品上的消费，以及你的财务状况因此而受到的影响。你真的需要新衣服吗？很遗憾，这种逻辑不太可能改变你的思维，或是纾解你内心对新东西以及对购物带来的多巴胺冲击的渴望。那么，让我们换个方法，看看服装产生了多少废弃物，怎么样？这会促使你改变自己的行为吗？

我之所以提出这个问题，是因为澳大利亚人平均每人每年购买 27 千克重的新衣服。与此同时，我们每人每年还会将 23 千克重的衣服扔进垃圾填埋场。

这个问题发人深思。这些统计数据说明，我们的大部分服装消费也是"一次性"的，这部分可支配收入花在了一次性商品上。因浪费而造成的价值损失居高不下，所以难怪许多澳大利亚人很难存下钱，更不用说通过投资实现财富增长了。

我们当中的大多数人都有过因冲动购物或超支而感到内疚的时候。一项研究发现，澳大利亚人平均每个季度进行两次冲动购物，一共花费 110 美元。听起来花费可能并不多。假设我们成年后的人生岁月有 60 年，那么一生中冲动购物的总计花费会高达 26 400 美元。

我们之所以会花钱购买计划外的东西，其背后可能存在一系列复杂的触发因素。无聊、绝望、在工作或家庭中受挫、对人际关系或生活状态感到不满……这些都有可能成为触发因素，导致我们通过消费来寻求快乐。

当然也存在外部触发因素：其中最大的要数感知价值以及折扣营销陷阱。根据某研究数据，约五分之二的澳大利亚人表示，他们曾经使用个性化折扣来购买商品，例如"生日当天可享受九折优惠"。此外，没完没了的特价活动也会严重影响人们的感知价值。多达五分之一的受调查者声称自己存在与特价活动相关的"害怕错过"心态。他们认为，如果不购买特价商品，就是在"亏钱"。差不多同样多的受调查者表示，购买特价商品会让他们"上瘾"。

这种行为对自身财务显然是有害的，但在心理学上却有着深厚的理论依据。改变这种行为是可行的，但你需要改变思维方式并做到一定程度的自律。就连购物狂也可以通过有意识地关注长期财务保障来控制消费。

因此，我们知道，从生理学和心理学角度来看，进行自主性购物的想法才是令人兴奋的东西。这一点正是将消费习惯变成投资习惯的核心。我们需要将购物带来的快感反应变成投资和储蓄带来的快感反应。接下来，让我们看看一些策略。

设定目标以触发多巴胺冲击

研究表明，一般消费不会促进多巴胺分泌，只有能让我们感知到个人价值并获得掌控感的特定消费可以做到这一点。

除了消费以外，还有很多活动会导致多巴胺激增，其中之一就是赚钱。研究还发现，设定个人目标并实现这些目标，可以带给我们快感。正因如此，编写待办事项列表能让我们获得满足感。离目标越近，多巴胺冲击就会来得越猛烈。这可以解释，为什么一些首次购房者经过长期努力攒够了首付，在房贷审批通过、终于可以买房时，会如此兴高采烈。

如果你设定每月、每季度或每年的储蓄和投资金额目标，那么这个简单的行为也能带给你与消费一样的心理和生理上的回报。如果你能走上这条路，将来就可以重塑自己的行为并养成投资的习惯。

将消费变成投资，是投资型消费的基础。有一种形象的说法：所谓投资型消费，就是在投资上消费。通过这种方式，你能够获得快感，还能够通过夺回财务自由而获得掌控感和满足感。

让投资进入"自动驾驶"模式

我建议你将投资变成一种习惯，虽然习惯是很难改变的，新习惯是很容易被打破的。你可以充分利用可供使用的现代化工具，将新的行为固化为习惯。

要想建立投资习惯，最简单的方法之一就是设置定期存入的款项，定期将一定资金从现金账户转入储蓄账户或抵押贷款对冲账户。不要指望自己能够手动完成转账，而是要采用自动转账：这样做更省力，还能迅速地将投资从一件枯燥乏味的琐事变成富有意义、令人兴奋的事情。

这个过程可以很简单。例如，你可以选择每个月存入

100美元，也可以考虑将自主性项目上的月平均消费金额按月存起来。这笔钱的价值必须对你有意义，以便触发与消费相同的反应。

一旦决定了每月存入的金额，无论这一金额是多少，请设置自动转账来完成资金存入。

利用平均成本法的优势[1]

有一种投资策略对于这种安排非常有益，那就是平均成本法（DCA）。

采用平均成本法时，你会以始终如一的方式，不间断地进行投资，比如每两周、每个月或每个季度投资500美元。无论投资市场在各个时间段内出现怎样的波动，你的投资金额都是这么多。

也就是说，对于某个投资项目，你的买入量在市场（或资产）价格高企时会有所减少，而在市场（资产）价格走低时会有所增加。这意味着，随着时间的推移，投资项目的平均价格将会适度提高，投资资本的规模也会扩大。这样一来，就能更充分地享受复利效应。

表12.2说明了当一位投资者决定每月购买价值100美元的同一证券时，平均成本法对这位投资者起到的作用。

---

[1] 请读者理性投资，本章观点不代表本社观点。——编者注

表 12.2 平均成本法（DCA）示例

月份	股价	当月投资金额	买入股数
1月	25美元	100美元	4
2月	30美元	100美元	3
3月	22美元	100美元	4
4月	20美元	100美元	5
5月	18美元	100美元	5
6月	17美元	100美元	5
7月	15美元	100美元	6
8月	15美元	100美元	6
9月	16美元	100美元	6
10月	20美元	100美元	5
11月	25美元	100美元	4
12月	30美元	100美元	3
合计		1 200美元	56
平均每股成本		21.42美元	

这位投资者采用了平均成本法，因此在股价最低时买入的股数最多，而在证券价格最高时买入的股数最少。一年后，这位投资者一共买入了56股，平均股价为21.42美元。

如果我们将12月的股价（30美元）视为该证券的市场价值，那么该投资者持有的该证券价值为1 680美元，也就是说一年中的资本收益为480美元。如果该投资者仅仅在1月以25美元买入4股，那么其持有的该证券到12月会价值120美元，收益为20美元。即使该投资者在1月把1 200美元全部用来投资，买入了 48 股该证券，到 12 月会价值 1 440 美元，收益为 240 美元——每股平均价格也仍然会是 25 美元。

我以专业人士的身份深耕投资领域多年，这期间我一再看到这样一种模式：许多投资者会在股价高企时急于买入，然后一旦市场下行、股价下跌，又会立即陷入焦虑，还会在价格跌至最低点时将投资项目抛售一空。金融灾难正是这样酿成的，因为投资者会择机退出市场——他们总是在底部卖出，并在价值稀薄时大量买入。

平均成本法可以为你提供一个自律框架，让你能够反其道而行之。它会强制你在股价低廉时增加买入量，并在估值高企时减少买入量。它还可以消除试图把握市场时机的风险。

"把握市场时机"这个说法存在用词不当的问题，因为没有任何人能够一直在顶部卖出并在底部买入。这一概念牵涉太多机会性因素，因此经不住时间考验。这主要是由于许多人会在入市和退出时间点问题上一拖再拖，从而根本不去进行投资，或者错过正确的退出时机。

平均成本法能让你忽略市场时机，因为面对各种市场变动情况，你都能够以不变应万变。这意味着，你可以重点关注投资的真正意义：实现财务自由。

要知道，你花掉的每一元钱都会让你离目标更远

我们所有人都会面临多种诱惑，这些诱惑会促使我们进行消费，有时还会导致超支。我们可能会难以抵制这种冲动，但要认识到：每次冲动消费虽然可能会带来几分钟的满足感，却会让你离实现个人财务目标又远一步。

要想改变自己的思维和行为，请试着将自己的消费与目标联系起来。例如，如果你要为购置新房而进行存储，那么一台600美元的苹果手表会让你在时间表上落后多远？牺牲这些时间值得吗？如果你觉得值得，那么这件商品就是有"价值"的；如果你觉得不值得，那么就将这一"价值"转到你的投资中。这样看待消费，会是一种双赢的方式。

这种方式存在双重优势：一是可以控制消费欲望；二是可以培养自律能力。自律的优势在于，它是建立积极习惯的基础。

让自己体验与实现财富增长有关的积极情绪，也是一种有力的激励方式，这可以促使你坚定不移地朝着目标迈进。金钱在我们的生活中发挥着如此巨大的作用，它会引起强烈的情绪反应不足为奇。你多年来形成的习得行为构成了种种习惯，这些习惯对于财务自由既有积极影响，也有消极影响。

第 12 章 投资型消费

我希望本章内容能帮助你确定自己的消费习惯，包括你为什么要消费、你在消费时的反应，以及这些反应在财务和心理方面产生的影响。我还希望本章提供的一些策略可以帮助你打破自己的消费习惯并形成新的投资习惯，从而实现积极的财务结果。

良好的理财方式可以极大地为我们赋能。如果能够确定自己的思维会如何作用于消费，并找出消费的触发因素，你就有可能从此踏上财务自由之路。如果能够将多巴胺在生理方面的影响变成投资带来的快感，你就可以在这条道路上更进一步。

如果你坐下来查看财务自由创造的价值，心想"我做到了"，那么你会感到莫大的欣慰。这种体验可以带来非常稳固的欣慰感和成就感，从而带来强烈而持久的多巴胺冲击。

反思

- 在疫情期间，你的消费习惯和储蓄习惯发生了什么变化？你有没有开始养成任何良好习惯，并且现在已经做到了"习惯成自然"？
- 哪些暗示会促使你进行消费？
- 你可以采取哪些措施让投资进入"自动驾驶"模式？

第 13 章

不合理的期望

CHAPTER 13

第 13 章 不合理的期望

> 会伤害你的是你自己的期望,而不是你生活的世界。世界上发生的任何事情都是真实的,而你认为应该发生的事情是虚幻的。人们会被自己的期望伤害。让你失望的不是这个世界,而是你自己做出的预测。
>
> ——雅克·法斯科(Jacque Fresco)

我一直很喜欢这段名言。这段话概括了我们所有人都会面临的最大问题——不仅仅涉及我们对金钱的期望,还与我们所做的一切事情有关。我们会抱有不合理的期望,这会导致不合理的失败。在许多情况下,你应该永远不会经历这种失败,因为你所期望的事情从一开始就是永远不可能发生的。

我清楚地记得自己开始使用"你就是你,我就是我"这个说法的那一刻。当时我正在面向澳大利亚的一个投资协会做演讲。我一直很喜欢进行这类演讲,因为观众会踊跃参与,并且很可能会质疑我的观点,从而让我的观点变得更加清楚明确(希望他们也是如此)。但是,我也知道,在这类演讲中,大量观众所期望的事情要么存在很高的风险,要么压根不可能发生。

这场演讲快要结束时，一位温文尔雅的男士向我咨询有关他想要投资的一个方案。我不会说出该投资方案的名称，但是要知道，这个投资项目存在很高的风险，并且在运作方面并不透明。这位男士说道："如果投入10 000美元或更多，这个投资项目将会保证有5.5%的年化收益率。你怎么看？"

他的眼中闪烁着某种神采，表明他已经下定决心要投资了。但是他的确认偏误开始起作用，他希望获得别人的认可。我不会为他提供帮助，因为我可以看出他并没有充分了解这个投资项目。我回答："你就是你，我就是我。最适合你的东西可能并不是最适合我的，反过来也一样。因此，我真的无法提出任何一种建议。但是，我能否问一下，你为什么会对这个投资项目感兴趣呢？"

每当我讲述他的回答时，他的那席话都会让我感到紧张："因为它可以带来我所需要的收益率。我需要用这笔钱在未来六个月内赚到尽可能多的收益，同时又没有任何风险。到时候退休了，我就可以在接下来几年中用这笔钱来环游世界。"

在他的回答中，关键词是"没有任何风险"。所有投资都存在风险，从最简单的现金投资，到风险—回报量表的顶端，总归存在一定风险。在风险—回报量表上越是靠上，回报就越大，但亏损的概率也越高。在当时，对于定期存款，5.5%的产品综合年化收益率高于4%到4.5%的产品，这应该可以反映出一个事实：这个投资项目的风险水平远高于同等产品。我还知道，这类产品设有提前退出条款，如果他想要在约定的期限之前退出投资，就会一无所获。

实际情况是：我们所有人都希望自己的金钱能够带来尽可能高的回报；但另外，大多数人都会高估投资可以带来的回报。

许多人都希望在尽可能短的时间内（往往还要通过最少的努力）赚到最多的钱，这一理念会激起人类的强烈共鸣。很简单，快钱对我们很有吸引力。在第7章中，我们围绕双曲线贴现效应讨论过这一点。很遗憾，赌博之所以如此令人上瘾，原因就在于：通过最少努力赚快钱的"捷径"，以及对非正常回报的不合理期望。

不妨看看其中一些非常可怕的数字。在2022年的前五个月中，全球线上赌博市场赚了590亿美元。这几乎比苹果公司在截至2022年3月的这一季度中的营业利润多了一倍——后者为299亿美元。据估计，在2023年，这一数字将会达到929亿美元。按平均来说，澳大利亚人每年会花费19亿美元购买彩票。在美国，这一数字约为800亿美元。

请问问自己：在你私下里认识的人当中，有多少人曾经通过赌博或正规彩票赢得一大笔钱？答案很可能是0。这是因为要想赢得足以改变人生的巨款，概率是微乎其微的。

所有这些数字都与本书前文中讨论过的延迟回报、双曲线贴现和短期偏见等概念有关。

投资需要做到自律、付出时间并接受渐进式回报。在一些投资者看来，问题在于他们是否能以足够快的速度获得足够高的回报。因此，他们会转而选择在不切实际的时间范围内有概率获得很高回报的手段。

一旦你把金钱投入到涉及概率的手段中，这就不是投资，而是下赌注了。

施罗德集团（Schroders）的一项研究揭示了这些期望是多么不切实际。该研究发现，全球近四成投资者（37%）期望的年回报率为10%到20%。一成多受访者（13%）期望每年获得20%的回报。也就是说，他们期望的回报率几乎是过去10年中标准普尔500平均年回报率的两倍（后者为10.9%）。（在此还要提示你注意另一个事实：这10年包括了标准普尔500在其150多年历史中持续时间最长的一轮牛市。）

施罗德集团的发现表明，全球约有一半投资者期望每年的投资回报率都能达到10%以上，这是一种不合理的期望。

无独有偶，投资管理公司Natixis在2021年发布的国际性调查发现，投资者期望的长期回报率比通货膨胀高出14.5%。美国投资者对于长期回报率的期望值最高，比通货膨胀率高出17.5%。由于过去20年中美国的平均通货膨胀率约为2%至2.5%，因此美国投资者期望的长期回报率实际上

第 13 章 不合理的期望

接近 20%。

不切实际的期望带来的危险

对投资回报率抱有不切实际的期望，会导致投资者面临巨大的陷阱。由此造成的后果可能会远比失望更加严重，其中包括危险的投资行为。

以往记录证明，股票等成长型资产可以带来较高的长期回报。因此，许多投资者会将投资集中在高风险资产上，而波动性较低的投资对他们影响有限。为了追求不合理的回报，投资者可能会涉足超出其风险承受能力的投资项目，也可能会投资于令人冲动的项目（例如先买入后付款的股票），甚至还可能会从投资转向投机。

我曾经故意尽量避免谈论投机性投资。投机会给情绪、行为和人格特质带来很多影响，从而让人很难说清楚我们为什么会被投机吸引。问题在于，人们在投机方面的行为往往会与通常所期望的情况相反。

因此，我们接下来顺势谈谈加密货币。近年来，全球许多投资者都转向了加密货币，以期获得超额收益。现在，超过一百万澳大利亚人拥有比特币（Bitcoin）、以太坊（Ethereum）、瑞波币（Ripple）、卡尔达诺（Cardan）和狗狗币（Dogecoin）等加密货币，平均持有量价值 20 000 美元。

205

加密货币的弊端在于，它们纯粹是投机性的，没有得到任何有形支持，也不会产生任何生产力。你所买入的东西实际上是一种希望，希望下一个人会花更多钱为这种希望买单，以此类推。从定义上来看，这属于投机行为。

加密货币还符合"博傻理论"。该理论指出，对于已经因需求或通货膨胀而被高估的资产，总有更"傻"的投机者愿意支付更高的价格。换句话说，每个标的的价格都取决于特定消费者的需求，而不是取决于其内在价值。因此，购买被高估的项目之后，你会寻找并向另一个投机者出售，从而获得回报。这就是加密货币当前的实际情况。

在你看来，这可能会让投资者望而却步，但事实并非如此。毫无疑问，加密货币的吸引力在于有时会出现惊人的增长。例如，在 2021 年，比特币的价值在短短几个月内一路攀升，7 月单价还是 29 800 美元，到 11 月就变成了 69 000 美元。这样的增长令人难以置信。但是，正如我所写的，到了 2022 年年中，比特币暴跌至 20 000 美元左右，一度低至 18 500 美元。许多投资者都亏了钱，尤其是那些在 2021 年 11 月的高峰期之后入市的投资者，而他们之所以会亏钱，在很大程度上是因为对获得不合理的回报抱有希望。

我不知道加密货币将会何去何从。谁也说不准这件事。但是投机的问题仍然存在：无论使用哪种投机手段来寻求回报，损失都会近在咫尺。

此外，不切实际的期望还会导致投资者放松警惕，从而有可能陷入骗局。如果你的期望偏向于好的一面，那么你就难以看穿骗局，等到幡然醒悟时往往为时已晚。当巨大的收益在前方招手时，人们很容易被吸引入坑。例如，英国的一项研究发现，只有三分之一的投资者会避开那些承诺提供过高回报的机会，以免陷入骗局。

澳大利亚竞争与消费者委员会（ACCC）的报告指出，单是在 2021 年上半年，投资骗局就从澳大利亚人手中骗走了超过 7 000 万美元。其中超过一半记录在案的损失都是加密货币骗局造成的。这导致 ACCC 大力劝导投资者：要当心所谓的承诺提供高回报的投资项目，而在此类投资项目从表面来看风险很低的情况下，更要擦亮眼睛。

什么是切合实际的回报？

那么，我们期望获得什么样的投资回报，才是合理的？

首先，我要发出以下警告：以往的回报不能为未来的回报提供指导。接下来我会以常规投资项目为例来说明这一点。常规投资项目以受到良好监管的环境为依托，这种环境旨在最大限度地保护投资者。

如果浏览一下各种常规资产类别，包括现金、房地产、澳大利亚股票和国际股票，我们就会发现它们的回报率大不相同，具体取决于投资标的和投资时长。表 13.1 中对相关数据进行了总结。

表 13.1 常规资产类别长期年化回报率

资产类别	三年	五年	十年
现金	0.35%	0.95%	1.73%
澳大利亚商业地产	5.82%	6.55%	11.49%
澳大利亚股票总回报（资本增长加上股息）	7.08%	8.63%	10.37%
全球股票（不包括澳大利亚）毛回报率	10.98%	10.82%	10.79%

注：截至 2022 年 5 月的回报率。

例如，在过去十年中，低风险、低回报的现金资产年回报率为 1.73%。

沿着风险—回报曲线进一步向上，表中列出的商业房地产在过去十年中平均年收益率为 11.5%。请记住，在新冠疫情过后的市场环境中，房地产价格经历了一些耐人寻味的波动。

澳大利亚股票在风险—回报曲线上位置更加靠上，有着发达国家中最高的收益率，并且整体回报非常稳定。在过去三年、五年和十年中，投资者获得的平均年回报率在 7.1% 到 10.4% 之间。

全球股票位于风险—回报量表的上端。在这个示例中，我使用了根据 MSCI 进行的排名的其他 23 个发达国家股票市场（不包括澳大利亚）的数据。如果把这些市场归为一组，那么由于货币波动和地缘政治问题等因素造成了额外的风险，因此我们认为这一类市场的投资风险比澳大利亚股票更高。但是，如果单独查看其中一些市场，你可能会发现它们的风险低于澳大利亚股票。风险更高也意味着回报更高。在过去三年、五年和十年中，全球股票的平均年回报率略高于10%。

意料之中的是，股票由于风险更高，因此长期回报率也更高。平均年回报率可以绰绰有余地弥补这种风险，从而应该可以满足投资者对于回报率的期望。但是，正如本书通篇讨论的那样，一些投资者可能无法接受这样的风险水平，他们会仅仅由于将来有可能亏钱，或是认为某个投资项目存在过高的不可预测性，而不采取任何行动并在金钱方面奉行保守主义。然而，这些人同样会期望在"没有任何风险"的情况下获得不正常的回报。

怎样才能解释这个思考过程呢？请回想一下易得性偏差及其"近亲"——近因偏见。近因偏见是指将正面或负面的近期事件视为最有可能出现的长期结果。在行为金融学中，当期望与实际投资回报之间发生脱节时，就会出现近因偏见。投资者可能在以前的条件下（例如在新冠疫情期间）看到过正回报，从而想当然地认为在更好的条件下（新冠疫情过后）可以实现更好的回报。

这也很可能是由于人的天性使然——我们想要更多，而且我们也想要更快地获得回报。

这场辩论还包含了另外一方面：你会在实际条件下采取行动，还是会在理论条件下采取行动。当你"在理论条件下进行投资"时，比如"知道"自己可以通过投资某只理论上的基金获得 10% 的回报，你不会背负心理压力。在这些条件下，你可以采取简单直接的行动，而且该基金会在没有任何风险的情况下带来上述回报。

但是，当需要采取实际行动时，你必须把实实在在的资本投入到该基金中。在这种情况下，潜在的损失、后悔和错误会造成心理压力，从而导致你的不作为。另外，没有任何投资项目能够呈直线式增值并且只涨不跌。那么，我们又何必对此抱有期望呢？

脚踏实地、坚守计划、了解风险

我要强调一点：身为投资者，我们所有人都希望获得高回报。但是，没有任何市场理论可以跳出风险—回报量表。该量表是投资领域的金科玉律之一。

你必须对投资回报率抱有切合实际的期望——这一点至关重要。你必须开动脑筋思考理财中的回报率。仅仅能识破骗局或是风险超高的投机性投资还不够。

第 13 章　不合理的期望

如果了解什么样的回报对于特定资产类别是合理且可实现的，你就能够设定合适的投资时间范围并确定恰当的资产组合，从而避免任何一个投资项目或市场类别的强劲下跌殃及你的投资组合。最终，这取决于找到你满意的风险和回报的融合。

如果你遇到一个承诺提供预期收益的投资项目，那么不出意外的话，它也会存在同等的风险。说到这里，我要重提那句老话："天上不会掉馅饼，掉下的可能是陷阱"。如果你了解切合实际的回报是什么样的，你就更有可能立足于现实进行投资。

> **反思**
> - 你是否曾经受到低风险、高回报投资项目的诱惑？
> - 你对风险的偏好是什么样的？
> - 鉴于你的风险偏好和财务目标，你认为获得什么样的回报是合理的？

结语

我们的思维与金钱

CONCLUSION

结语　我们的思维与金钱

> 金钱是糟糕的主人，但却是优秀的仆人。
>
> ——巴纳姆（Barnum）

刚开始动笔撰写本书时，我的目标是证明世界上不存在放之四海而皆准的理财方法。这是因为所有人的情况各不相同，我们有着不同的需求、生活、家教、兴趣、文化等。

我当然认为有一些策略和规则有助于实现金钱目标，但我并不认为有人已经找到了终极最佳方法。这是因为没有唯一的正确方法——我们会面对多种多样的选项和情景，每个人都会使用不同金额的金钱，在不同的时间范围内为了不同的事情而努力。

在迄今为止的职业生涯中，我学到的最重要的事情之一是：许多人并没有充分了解自己在为何而努力，因为他们不曾停下来好好思考一下自己的观念、偏见、人际关系或文化，以及他们的金钱适合用来做什么。我希望在本书的启发之下，你能够对这些事情进行深入思考。

在本书的最后一部分，我想详细讲讲我自己的金钱状况，以及我如何通过理解自己的偏见、习惯、人格和人际关系，改变了我的金钱习惯。

从"我"到"我们"

当"我"变成"我们"之后,你的行为会自动发生一些变化。

现在我明白了,在我比较年轻时,以及在我的职业生涯早期,我的行为、人格以及我与金钱的关系纯粹是为我服务的。说实话,在决策、储蓄和消费方面,我的做法很自私。那也无妨,在当时,这就是正确的做法。

彼时,我的金钱只有一件事情要做,那就是:为我的兴趣和需求提供支持。问题在于,这也意味着我没有时间的概念。我不明白凭什么要思考过去和现在的情况,因为明天和更遥远的未来超出了我的思考范围。我的偏见和人格还没有准备好认可必要的改变。这种情况一直持续到"我"变成了"我们"为止。

我和妻子搬到一起开始同居之后,我猛然意识到自己的理财方式发生了翻天覆地的变化,因为我的金钱不再只是"我"的钱,而是变成了"我们"的钱。

在继续讲下去之前,我要强调一点:请你意识到,对于我们俩来说,把两个人的钱放在一起使用是最适合我们的方式。我们一直认为,我们用金钱去做的所有事情,包括进行投资和实现财务自由,都是我们俩共同做出的努力。你可能和我们不一样,这也没有问题。如果你们在某些事情上需要保持彼此的财务独立，那就这么做吧。我们的方式适用于我们，但绝对不是对所有人都适用。

我们还认识到，我们俩在金钱方面略有不同。我妻子对于投资不像我那么感兴趣，这没什么好奇怪的。我对于法律也不像她那么感兴趣，这同样没什么好奇怪的。

但是，我们确实认识到，我们俩有一些共同的特质和偏见，这使得我们能够改变我们的思维和行为。我们从这一点出发，发现在家庭、自主权和财务稳定性方面，我们有着共同的价值观。

对于我们来说，这是一项非常重要的认识。这一认识立即改变了我们的观点，因为我们俩都意识到，我们需要从金钱角度思考"我们"这个词的含义。我们俩都希望我们的孩子能够通过教育经历和人生阅历过上富足的生活；我们俩都希望住在属于我们自己的房子里；我们俩都希望拥有让自己感到舒适的财务状况。我们不需要像沃伦·巴菲特那样富可敌国，甚至也不需要变得超级有钱。让我们感到舒适的财务状况，是能够通过金钱实现财务自由。

搬到墨尔本之后，我们开始朝着这些目标努力。在新的环境下，我们找到了很好的新工作，结交了新的朋友，并且完全保持了彼此的财务独立性，因此我们的行为和文化发生了变化。

随着我们把目光投向人生的下一阶段——买房，这一变化也造就了新的习惯。我们开始把更多钱储存起来，也开始用更多钱进行投资。我要指出一点：我们仍然保持着我们喜欢的生活方式——我们吃牛油果吐司，坐下来享用咖啡，开车去乡下过周末，进行别开生面的海外旅行。我们只是从来不会把这些事情做得很过分，因为我们的人格就是如此。有所改变的是，我们节省下一些属于"明天"的金钱。

我们有一些朋友及家人采取了和我们不一样的做法。随着薪水的增加，他们也进行了"生活方式升级"。这正是他们的财务目标，因此这种做法适合他们。这不是我们的做法，我们不会妄加评判，即使我们可能会在内心念叨。我们的目标属于我们，他们的目标属于他们。如果你能够欣然接受自己的目标，也能欣然接受朋友的目标，即使他们的目标与你的目标有所不同，你也会倍感自在。

此外，我们也绝不会牺牲彼此的财务自由，因为我们知道我们习惯于成为净储蓄者。因此，如果某一个月的消费高于正常水平，那也无妨。即便在这样的情况下，我们也知道，我们在那段时间里的消费很少会超过储蓄。

这意味着，今天的金钱让我们拥有超前优势，我们能够以多样化的方式安排属于明天以及长远未来的资金。例如，我们的第一个女儿出生后，我建立了一笔基金，用于实现以下目标：为女儿提供我们希望她能够拥有的人生阅历和教育经历。在我们的目标中，这笔基金是明天的金钱。我们会定

结语 我们的思维与金钱

期向该基金追加资金，通常每季度追加一次，尽管我们可能应该每月追加一次。我们刚刚有了第二个女儿，并且采取了完全相同的做法。由于我们已经有了向大女儿的基金追加资金的习惯，因此养成向二女儿的基金追加资金的习惯并非难事。

在女儿们年满 18 岁之前，这些储蓄将会用来提供她们可能需要的一切东西，包括旅行、教育、特别活动等。我们希望等到她们中学毕业后，把省下的钱交给她们，让她们能够踏上旅途。同样，这也是我们的金钱目标。你可能会认同我们的做法，也可能不会认同。这完全没有关系，因为我们的目标不是你的目标，也不应该是你的目标。

我们知道，我们为女儿们安排的教育储蓄正在顺利进行，这带给我一种巨大的自豪感。我父母对我和我妹妹一定也有同样的自豪感。不同的是，他们在那段时期不得不艰难度日，因为对于自己在世界上可能会时不时面临的挑战，他们并没有做好准备。

这是我所习得的行为经验，而且我始终能够意识到它对我的思维产生的影响。我也很幸运，因为那段艰难时期所带来的结果是积极的。我知道我们的家庭将会保持财务独立性，这一点对于我的心理至关重要。

我们的房子确实有抵押贷款，这也没问题。我会不断重新审视我们的贷款，因为我很喜欢寻找更好的选择。我曾

219

经对我们的贷款采用固定利率、取消固定利率、重新采用固定利率、进行分割以及采用浮动利率。我的理由是，我要确保复利对我们有用，而不是对我们不利。我们会每月超额还款，因为我知道还清的贷款越多，我们所拥有的金钱就越多。在我心中，这就是最重要的事情。

该项资产是我们"金钱大象"的重要组成部分，也是我们长远资产中的一部分。此外，我们还能获得"住在我们的金钱中"这一心理优势。这套房子装满了我们快乐的回忆。如果遇到突如其来的打击，那么由于我们在还款、产权和家庭目标方面都是超前的，因此我们可以从容不迫地渡过难关。

我们真正的长远资产是退休储蓄。在澳大利亚，我们的退休基金被政府强制冻结。在我看来这笔钱是在等待我们。话虽这么说，但是我必须等到自己年龄几乎达到当前年龄的两倍时，才能拿到这笔钱。等待时间看似相当漫长，但是从金钱方面来看其实并不吃亏。因此，在每个财政年度末，我们都会设法让存入超级年金的金额达到上限。

我还会故意每隔几个月就查看一下我们的退休储蓄金额，这么做只是为了重新调整我的思维。这提醒我：退休储蓄正在账户中一边为我们服务，一边等待我们。等到长远的未来变成明天，然后又变成今天，我们就能使用这笔钱了。遇到突如其来的打击时，我们所有人都会产生做出轻率决策

结语 我们的思维与金钱

的冲动，而退休储蓄可以帮助我对抗这种冲动。另外，退休储蓄能够借助时间的力量，让世界第八大奇迹——复利发挥作用。如果你的职业生涯长达四十五年，那么按 5% 这一保守的复利率计算，到退休时的收益将会超过 840%，而且这还不包括额外的存款。这就是长远未来的美妙之处。

我的金钱行为发生的最终变化是学会简化。我所说的简化是指：设定一个目标，然后通过一种简单的手段来实现这个目标。当我还是单身的时候，我会投资个股，会采用复杂的投资策略，也会使用其他工具。随着"我"变成了"我们"，然后"我们"变成了四口之家，这种做法就行不通了。在 天中，我没有足够的时间来维持这种做法。我的时间太宝贵了，不能浪费在复杂性上。我们的生活已经够复杂了，在金钱方面，我们不需要更多复杂性。

我们调整了投资结构，现在以一组操作简单、成本低廉的交易型开放式指数基金（ETF）为核心。这些 ETF 设定为用所有分派和股息进行再投资，而且我们会尽可能多地使用复利。我会不时打破自己的规则，将零零散散的股票加进去，但对我来说，这些股票更像是买着玩的，在我们的整体证券投资中仅占 10%。我还会让妻子知道这些股票，因为一切操作都是我们共同完成的。

我知道，指数投资意味着我们把自己与市场的表现绑在一起，还意味着我们的表现不会胜过市场的表现。但是我也知道，我们在下一个十年中获得的平均年回报率应该约为9%到10%，我认为这是非常合理的。事实上，这种回报除了非常合理，还有更美好的地方：它非常有助于实现我们的目标，也就是财务自由。

我也会运用平均成本法，忽略今天或明天的市场价格。我只是将我们分配给明天的资金和长远资金的钱加进去，按当天的价格买入。这可能意味着价格更高，这种情况可以改善总头寸，因此对我们有利；价格更低的情况下，购买的单位数量会更大，意味着为我们带来利息或股息回报的资金池也会更大。

这种策略并不完美。没有任何一种策略是完美的，因为如果有一种策略是完美的，那么所有人都会采用它。但是对我们来说，这是一种行之有效的策略。这意味着我们的时间属于自己，我们的金钱可以为自己服务，而且我们现在和未来都拥有自由。这种自由可以带给我们幸福感。

换句话说，我们的思维控制着我们的金钱；让思维左右金钱，我们就能拥有财务自由。

至少，这是我们的目标。

致谢

本书之所以能够成书，离不开无数人对我的帮助以及与我的交流。在此我无法一一列出他们的名字。对于所有曾经帮助过我、塑造过我、向我提出过质疑以及让我得到提升的人，我不胜感激。

我确实需要提到一些人，因为他们对我的帮助起到了尤其重要的作用。

朱莉娅（Julia）——感谢你所做的一切，也感谢你支持我的各种想法，哪怕是最怪异的想法。

本（Ben）——感谢你让我去做这件事。

朱莉（Julie）、伊恩（Ian）和奥黛丽（Audrey）——感谢你们给予我的一切。

尼古拉（Nicola）——感谢你为我打下了基础。

莱斯利（Lesley）——感谢你给了我这个机会。

布鲁克（Brooke）——感谢你解决了我的棘手问题。

没有你们的帮助、反馈和支持，就没有《一口吞掉大象的理财通识》。

所以，谢谢你们！